做一个理想的法律人
To be a Volljurist

法律人进阶译丛【法学基础】
李昊/译丛主编

本书由中南财经政法大学资助出版

法律解释

第 6 版

Die Auslegung von Gesetzen, 6., neu bearbeitete Auflage

〔德〕罗尔夫·旺克/著
蒋 毅 季红明/译

著作权合同登记号 图字：01-2017-8009
图书在版编目(CIP)数据

法律解释：第6版／（德）罗尔夫·旺克著；蒋毅，季红明译. —北京：北京大学出版社，2020.12
（法律人进阶译丛）
ISBN 978-7-301-31863-8

Ⅰ.①法… Ⅱ.①罗… ②蒋… ③季… Ⅲ.①法律解释—研究 Ⅳ.①D910.5

中国版本图书馆CIP数据核字（2020）第230727号

Die Auslegung von Gesetzen, 6., neu bearbeitete Auflage, by Rolf Wank
© Verlag Franz Vahlen GmbH, München 2015
本书简体中文版由原版权方弗兰茨·瓦伦公司授权翻译出版

书　　　名	法律解释（第6版） FALÜ JIESHI（DI-LIU BAN）
著作责任者	〔德〕罗尔夫·旺克　著　蒋　毅　季红明　译
丛书策划	陆建华
责任编辑	陆建华　费　悦
标准书号	ISBN 978-7-301-31863-8
出版发行	北京大学出版社
地　　　址	北京市海淀区成府路205号　100871
网　　　址	http://www.pup.cn　http://www.yandayuanzhao.com
电子信箱	yandayuanzhao@163.com
新浪微博	@北京大学出版社　@北大出版社燕大元照法律图书
电　　　话	邮购部 010-62752015　发行部 010-62750672 编辑部 010-62117788
印　刷　者	大厂回族自治县彩虹印刷有限公司
经　销　者	新华书店 880毫米×1230毫米　A5　7.25印张　136千字 2020年12月第1版　2022年11月第4次印刷
定　　　价	39.00元

未经许可，不得以任何方式复制或抄袭本书之部分或全部内容。
版权所有，侵权必究
举报电话：010-62752024　电子信箱：fd@pup.pku.edu.cn
图书如有印装质量问题，请与出版部联系，电话：010-62756370

"法律人进阶译丛"编委会

主 编

李 昊

编委会

（按姓氏音序排列）

班天可	陈大创	杜志浩	季红明	蒋 毅
李 俊	李世刚	刘 颖	陆建华	马强伟
申柳华	孙新宽	唐志威	夏昊晗	徐文海
查云飞	翟远见	张 静	张 挺	章 程

做一个理想的法律人（代译丛序）

近代中国的法学启蒙受之日本，而源于欧陆。无论是法律术语的移植、法典编纂的体例，乃至法学教科书的撰写，都烙上了西方法学的深刻印记。即使中华人民共和国成立后兴盛一段时期的苏俄法学，从概念到体系仍无法脱离西方法学的根基。20世纪70年代末，借助于我国台湾地区法律书籍的影印及后续的引入，以及诸多西方法学著作的大规模译介，我国重启的法制进程进一步受到西方法学的深刻影响。当前中国的法律体系可谓奠基于西方法学的概念和体系基础之上。

自20世纪90年代开始的大规模的法律译介，无论是江平先生挂帅的"外国法律文库""美国法律文库"，抑或许章润、舒国滢先生领衔的"西方法哲学文库"，以及北京大学出版社的"世界法学译丛"、上海人民出版社的"世界法学名著译丛"，诸多种种，均注重于西方法哲学思想尤其英美法学的引入，自有启蒙之功效。不过，或许囿于当时西欧小语种法律人才的稀缺，这些译丛相对忽略了以法律概念和体系建构见长的欧陆法学。弥补这一缺憾的重要转变，应当说始自米健教授主持的"当代德国法学名著"丛书和吴越教授主持的"德国法学教科书译丛"。以梅迪库斯教授的《德国民法总论》为开篇，德国法学擅长的体系建构之术和鞭辟入里的教义分析方法进入到了中国法学的视野，辅以崇尚德国法学的我国台湾地区法学教科书和专著的引入，德国法学在中国当前的法学教育和法学研究中日益受到尊崇。然而，"当代德国法学名著"丛书虽然遴选了德国当代法学著述中的上乘之作，但囿于撷取名著的局限及外国专家的视角，丛书采用了学科分类的标准，而未区分注重体系层次的基础教科书与偏重思辨分析的学术专著，与戛然而止的"德国法学教科书译丛"一样，在基础教科书书目的选择上尚未能充分体现当代德国法学教育的整体面貌，是为缺憾。

职是之故，自2009年始，我在中国人民大学出版社策划了现今的"外国法学教科书精品译丛"，自2012年出版的德国畅销的布洛克斯和瓦尔克的《德国民法总论》（第33版）始，相继推出了韦斯特曼的《德国民法基本概念》（第16版）（增订版）、罗歇尔德斯的《德国债法总论》（第7版）、多伊奇和阿伦斯的《德国侵权法》（第5版）、慕斯拉克和豪的《德国民法概论》（第14版），并将继续推出一系列德国主流的教科书，涵盖了德国民商法的大部分领域。该译丛最初计划完整选取德国、法国、意大利、日本诸国的民商法基础教科书，以反映当今世界大陆法系主要国家的民商法教学的全貌，可惜译者人才梯队不足，目前仅纳入"日本侵权行为法"和"日本民法的争点"两个选题。

系统译介民商法之外的体系教科书的愿望在结识季红明、查云飞、蒋毅、陈大创、葛平亮、夏昊晗等诸多留德小友后得以实现，而凝聚之力源自对"法律人共同体"的共同推崇，以及对案例教学的热爱。德国法学教育最值得我国法学教育借鉴之处，当首推其"完全法律人"的培养理念，以及建立在法教义学基础上的以案例研习为主要内容的教学模式。这种法学教育模式将所学用于实践，在民法、公法和刑法三大领域通过模拟的案例分析培养学生体系化的法律思维方式，并体现在德国第一次国家司法考试中，进而借助于第二次国家司法考试之前的法律实训，使学生能够贯通理论和实践，形成稳定的"法律人共同体"。德国国际合作机构（GIZ）和国家法官学院合作的《法律适用方法》（涉及刑法、合同法、物权法、侵权法、劳动合同法、公司法、知识产权法等领域，由中国法制出版社出版）即是德国案例分析方法中国化的一种尝试。

基于共同创业的驱动，我们相继组建了中德法教义学QQ群，推出了"中德法教义学苑"微信公众号，并在《北航法律评论》2015年第1辑策划了"法教义学与法学教育"专题，发表了我们共同的行动纲领：《实践指向的法律人教育与案例分析——比较、反思、行动》（季红明、蒋毅、查云飞执笔）。2015年暑期，在谢立斌院长的积极推动下，中国政法大学中德法学院与德国国际合作机构法律咨询项目合作，邀请民法、公法和刑法三个领域的德国教授授课，成功地举办了第一届"德国法案例分析暑期班"并延续至今。2016年暑期，季红明和夏昊晗也积极策划并参与了由西南政法大学黄家镇副教授牵头、民商法学院举办的"请求权基础案例分析法课程"暑期培训班。2017年暑期，加盟中南财经政法大学法学院的"中德法教义学苑"团队，成功举办了"案例分析暑期培训班"，系统地在民法、公法和刑法三个领域以德国的鉴定式模式开展了案例分析教学。

中国法治的昌明端赖高素质法律人才的培养。如中国诸多深耕法学教育的启蒙者所认识的那样，理想的法学教育应当能够实现法科生法律知识的体系化，培养其运用法律技能解决实践问题的能力。基于对德国奠基于法教义学基础上的法学教育模式的赞同，本译丛期望通过德国基础法学教程尤其是案例研习方法的系统引入，能够循序渐进地从大学阶段培养法科学生的法律思维，训练其法律适用的技能，因此取名"法律人进阶译丛"。

本译丛从法律人培养的阶段划分入手，细分为五个子系列：

——法学启蒙。本子系列主要引介关于法律学习方法的工具书，旨在引导学生有效地进行法学入门学习，成为一名合格的法科生，并对未来的法律职场有一个初步的认识。

——法学基础。本子系列对应于德国法学教育的基础阶段，注重民法、刑法、公法三大部门法基础教程的引入，让学生在三大部门法领域能够建立起系统的知识体系，同时也注重增加学生在法理学、法律史和法学方法等基础学科上的知识储备。

——法学拓展。本子系列对应于德国法学教育的重点阶段，旨在让学生能够在三大部门法的基础上对法学的交叉领域和前沿领域，诸如诉讼法、公司法、劳动法、医疗法、网络法、工程法、金融法、欧盟法、比较法等有进一步的知识拓展。

——案例研习。本子系列与法学基础和法学拓展子系列相配套，通过引入德国的鉴定式案例分析方法，引导学生运用基础的法学知识，解决模拟案例，由此养成良好的法律思维模式，为步入法律职场奠定基础。

——经典阅读。本子系列着重遴选法学领域的经典著作和大型教科书（Grosse Lehrbücher），旨在培养学生深入思考法学基本问题及辨法析理之能力。

我们希望本译丛能够为中国未来法学教育的转型提供一种可行的思路，期冀更多法律人共同参与，培养具有严谨法律思维和较强法律适用能力的新一代法律人，建构法律人共同体。

虽然本译丛先期以德国法学教程和著述的择取为代表，但并不以德国法独尊，而注重以全球化的视角，实现对主要法治国家法律基础教科书和经典著作的系统引入，包括日本法、意大利法、法国法、荷兰法、英美法等,使之能够在同一舞台上进行自我展示和竞争。这也是引介本译丛的另一个初衷。通过不同法系的比较,取法各家,吸其所长。也希望借助于本译丛的出版,展示近二十年来中国留学海外的法学人才梯队的更新,并借助于新生力量,在既有译丛积累的丰富经验基础上,逐步实现对外国法专有术语译法的相对统一。

本译丛的开启和推动离不开诸多青年法律人的共同努力,在这个翻译难以纳入学术评价体系的时代,没有诸多富有热情的年轻译者的加入和投入,译丛自然无法顺利完成。在此,要特别感谢积极参与本译丛策划的季红明、查云飞、蒋毅、陈大创、黄河、葛平亮、杜如益、王剑一、申柳华、薛启明、曾见、姜龙、朱军、汤葆青、刘志阳、杜志浩、金健、胡强芝、孙文、唐志威(留德)、王冷然、张挺、班天可、章程、徐文海、王融擎(留日)、翟远见、李俊、肖俊、张晓勇(留意)、李世刚、金伏海、刘骏(留法)、张静(留荷)等诸位年轻学友和才俊。还要特别感谢德国奥格斯堡大学法学院的托马斯·M. J. 默勒斯(Thomas M. J. Möllers)教授慨然应允并资助其著作的出版。

本译丛的出版还要感谢北京大学出版社副总编辑蒋浩先生和策划编辑陆建华先生,没有他们的大力支持和努力,本译丛众多选题的通过和版权的取得将无法达成。同时,本译丛部分图书得到中南财经政法大学法学院徐涤宇院长大力资助。

  回顾日本的法治发展路径，在系统引介西方法律的法典化进程之后，将是一个立足于本土化、将理论与实务相结合的新时代。在这个时代，中国法律人不仅需要怀抱法治理想，更需要具备专业化的法律实践能力，能够直面本土问题，发挥专业素养，推动中国的法治实践。这也是中国未来的"法律人共同体"面临的历史重任。本译丛能预此大流，当幸甚焉。

李　昊

2018 年 12 月

完全法律人培养视角下的法律解释（代译序）

（一）

这是一本针对法律初学者的入门教材，出自经历完全法律人培养系统训练和学术训练而成长、成名的资深教授旺克之手，服务于德国模式的完全法律人的培养。

对于德国法律人而言，在大学接受法学培养可谓历史悠久，最早可上溯至中世纪后期去意大利博洛尼亚留学的热潮。而现行的德国法律人培养体系，发端于普鲁士。对于法官等典型法律职业而言，大学的法律学习必不可少，而长期的实务见习亦是必需，两个阶段的培养共同塑造着法律人为法律实践所需的能力。这种完全法律人的模式在德国已有上百年的历史，期间虽屡经改革、更新，但在经历了新世纪的国际化浪潮之后仍被证明具有国际优势。

法律实践要求完全法律人可以独立胜任一般案件的处理，比如在诉讼中，依据案卷，认定法律事实，对当事人的请求作出程序上与实体上的判断，给出鉴定，最后形成裁判文书。为了成为完全法律人，首先必须在大学接受系统学习。这期间除了系统学习各部门法、法律基础学科的知识外,更为重要的是掌握将法律规范适用于个案的能力,这种能力除了为第一次国家考试所要求,还全面体现在入门的法律解释方法训练课程和基础课程、重点领域等阶段的课程体系之中。在诸多核心课程中,与系统讲授部门法知识的课程同步进行的是配套的练习课,这种练习课通过对既定案件事实的案例进行法律上的鉴定分析,培养习法者法律适用的能力。未配备练习课的讲授课程,也要求学生借助相应的案例分析教材自行训练,掌握将讲授的知识适用于个案的能力。绝大部分课程的结课考试和第一次国家考试也以对案件撰写鉴定分析的方式进行。大学学习以通过第一次国家考试结业,通过者才有资格进入实务见习期。实务见习由法院、检察院、行政机关、律所实习阶段以及自选实习阶段构成,分别训练民事、刑事、行政、律师业务等方面的实体法与程序法综合运用的能力,以通过第二次国家考试结业。第二次国家考试主要考查考生运用法庭报告技术(Relationstechnik),进行实际案件的审理裁判。大学毕业以掌握实体法核心部门法为要求,见习期则以程序法的训练为重心,两者合计时间通常为7年左右。完全法律人的培养尽管是一体化的,其以后可以进入法律的各典型职业(法官、检察官、律师、公证员等),但培养过程并未忽视个人在特别领域的发展,国家考试也留有自选科目的空间。

  1943年生于德国埃森-克特维希(Essen-Kettwig)的旺

克教授正是成长在这种培养体系之下。其大学就读于马堡大学和科隆大学法学院，1968 年通过第一次国家考试，于科隆大学毕业，在经历 2 年的见习期培训后于 1974 年通过第二次国家考试。至此，成为完全法律人，达成了法律人培养实践人才的目标。在通过第二次国家考试后，旺克教授于 1974 年至 1983 年在科隆大学劳动法与经济法研究所为维德曼（Wiedmann）教授做学术助手，期间在维德曼教授的指导下于 1977 年以《司法的法之续造的界限》（*Grenzen richterlicher Rechtsfortbildung*）为题完成博士学业，1983 年通过教授资格论文答辩，获得民法、商法、劳动法、社会法和法理学的教授资格。教授资格论文分两卷以《法学概念的形成》（*Die juristische Begriffsbildung*）和《劳动者和独立营业者》（*Arbeitnehmer und Selbständige*）出版。旺克教授于 1983 年即获得明斯特大学私法教席，执教至 1985 年，其后转赴波鸿大学执掌民法、商法、经济法和劳动法教席，开展教学研究直至 2011 年退休。旺克教授的研究核心为劳动法和民法，其重点研究方向也包括商法、社会法和方法论。他出版了大量著作：主编了重要的劳动法评注，著有劳动法与方法论领域的专著，还撰有劳动法、民法和商法、公司法的案例教科书。本书第 1 版于 1997 年出版之时，旺克教授已在劳动法学界作出不可磨灭的贡献。迄至第 6 版于 2015 年出版时，旺克教授早已著作等身。其撰写的《法学方法论》（*Juristische Methodenlehre*）一书（495 页），预告多年，终于在 2019 年 11 月 11 日与读者见面。

旺克教授拥有不凡的学术造诣，但其学术生涯一如其他德国法学教授。其在完成完全法律人的培养之后，作为学术助手接受指导，接受教学任务，及至教授资格论文通过之时已有相当丰富的教学经验，授课范围涵盖了案例课、理论课乃至讨论课。而其讲授（教课）资格的范围，也并不限于某个学科的狭小领域，而是跨越多个部门法领域，这种跨学科在法学教育和研究均十分发达的德国并不少见。在教授和研究部门法时，碰到的普遍性问题促使教授们去研究法理学、方法论等基础学科。因此，基础学科的研究者们并非单纯为理论而理论，而是立于坚实的部门法的适用（解释与续造）之上，因为对他们来说，作为实践指向的法学的子学科，包括方法论在内的法律理论终究是服务于实践的。法学的这种实践指向性还表现在，作为完全法律人的教授，有资格和能力直接任职法官，兼任法官作出卓越贡献者亦并不少见。由于完全法律人所接受的是实践指向的法科理论学习和法律适用训练以及实务的见习培育，从事学术研究者与实务工作者拥有更为丰富的共同经历、基础性共识，这尤其体现为对鉴定式分析技术和法庭报告技术的一致认同，由此铸就了完全法律人共同体，避免了法律教学和法学研究与法律实践的脱节。借此，实务与学术的良性互动，也得以回馈于旺克教授的研究、教学，并以法教义学的形式传达给新一代成长中的法律人。

在这种完全法律人的培养过程中，法律解释作为必备的知识起着不可替代的作用。因为任何法律适用都暗含着对法律的解释乃至续造,而人们往往由于法律通常使用日常生活中的用语而忽视了这一点。对于专业术语解释的必要性,人们往往不存在疑问。例如,对于"物权行为的无因性(抽象原则)""原因自由行为""基本权的第三人效力"等术语,外行人不能望文生义,因此只能借由法律人来理解其含义。而对于法律中的日常用语,任何人均认为自己能够理解,因此没有解释的必要。但当某一日常用语被法律使用时,其往往具有比在日常生活中更为精确的甚至完全不同的含义,这种含义通常需借由解释来发现。正如旺克教授在"修辞学教授错误解释刑法意义上的暴力(Gewalt)"[1]一例所示,法律中使用的每一个术语都会经由学说与判例的解释传统被赋予特定含义。即便是尚未被学说与判例解释的术语,最终形成的解释结论也必须符合既有的解释传统,才能为法律人共同体所接受。

为了形成一项能够为法律人共同体所认可的解释结论,法律人常用语义、体系、产生历史、意旨与目的四种解释准据,这是任何德国法律人在任何部门法的入门教科书中均会遇到的知识,因为它构成了法律人最为基本的工具。不论是在案例解答还是在法律实践中,只有借助这四种解释准据澄清对某项或某几项构成要件要素的疑虑,才能最终决定

---

[1] 参见本书第五章,边码43。

所选择的法律规范是否可适用于所面对的案件。因此，熟练掌握法律解释的知识是成为一名合格完全法律人的最基本的条件。

旺克教授研习法律五十多年，总结其社会、法律共同体之经验，提炼学术与实践互动形成的共识，汇成此册小书呈现于世人面前。此种背景，不可不察。

（二）

虽然本书原本主要为德国的法律初学者而作，但其对于我国法律人也深具启发意义。我国法律与德国法深刻的承继关联，塑造于清末民初的法律转型，虽曾中断但业已曲折复兴。此种联系不但表现在我国与德国一样均为成文法国家，法治后发的中国可以从德国吸取经验；另一方面也表现为，近些年来，德国于法学的影响在民法、刑法、公法领域皆成不可阻挡之潮流。法学教育的理想也重新清晰地定位于德国的法律人培养模式。[1] 北大、法大、人大、华政、中南、西政、上财、西法大等法学院校开启了大学法科教育模式的变革，引入辅助核心理论课的鉴定式案例分析练习课，以提升法律解释与适用能力。而近几年来已有全面系统地定位于完全法律人模式的教学实践。比如，中南财经政法大学法学院2016级卓越法律人才实验班借鉴德国法律人的大

---

[1] 参见葛云松：《法学教育的理想》，载《中外法学》2014年第2期；田士永：《"民法学案例研习"的教学目的》，载《中国法学教育研究》2014年第4期。

学教育框架，革新了培养方案，特别引入专门介绍法律解释经典方法并以案例操练的法学入门导引课程，配置多门核心课程的案例分析课程，主要以鉴定式进行案例分析，如今已是丰收时节。接受过训练的同学，在解析案例时，能步步为营地有序思考，较为有意识地运用解释方法解答法律问题，在实习单位颇受认可。这些都证明了将法学教育的理想定位于完全法律人的培养模式，在我国亦行之有效。

尽管有前述诸多高校的实践经验，而且鉴定式案例分析（民法中的请求权基础分析）经由王泽鉴老师的《民法思维：请求权基础理论体系》的推重早已在学理上广为大陆法律人所知，但广泛付诸行动仍有诸多挑战，如立法不够完善、包括法律评注在内的法教义学不够发达。不过，如果认识到法律的生命在于适用，法学的核心价值是服务于法律的适用、实现正义，法学教育的目的是培养实践人才，那么教育者就无法回避上述挑战，而只能寻求现实有效的手段促成上述目标的达成。在与美国模式案例教学的竞争中，德国模式鉴定式案例分析逐渐显现出更适合我国国情的优点。尽管两者均以实践为指向，服务于培养法律人将法律规范适用于个案情形的能力。但我国为成文法国家，且在规范体系和规范内容上深受德国影响，在很大程度上可以与鉴定式案例分析无缝对接。尽管鉴定式案例分析于我们有诸多借鉴便利，但将抽象规范运用于个案的鉴定式分析，仍然对适用者提出了远高于以往的挑战。对此，德国刑法学家贡特尔·阿茨特

(Gunther Arzt)将法律知识的获取和适用与语言学习过程中对生词的学习和运用进行了类比:在语言学习过程中我们认识的词汇肯定比我们会用的词汇要多得多,系统学习抽象的法律规范就如背单词,而在个案中适用法律规范就如在日常生活中使用所背诵的单词。[1]正如在生活中使用生词比单纯背诵生词难度大得多一样,在案件中适用法律规范也比单纯学习抽象的法律规范难度大得多。这是因为,与单纯学习抽象的法律规范相比,在每一个案例鉴定中,法律基础的选择、涵摄思维过程的展示、结果妥当性,都将置于高倍放大镜的审视之下。司法三段论各步骤之间的逻辑联系,远非乍看之下般牢靠。在选择应予适用的规范时,可能存在多个可用的规范,它们之间可能出现竞合或聚合,也可能存在位阶差异。在涵摄过程中,构成要件要素的界定或存有实质争议,与所调整的情形利益状况相同或相似的情形并未被包含在其中,法律效果可能未依情形做适当的区分。在我国法教义学尚不发达、法律评注初启航程的背景下,如此种种问题更多,这对法律人既意味着机遇也意味着挑战。面对这一挑战,法律人需要有意识地学习,掌握法律解释、续造的方法,因为这是未来开启职业生涯的安身立命之本。

---

[1] Gunther Arzt, Die Strafrechtsklausur, 7. Aufl., C. H. Beck, 2006, S. 18.

（三）

　　本书的翻译也得益于这场由诸多先行者所缔造的中德法律交流的浪潮。两位译者因德国法学之魅力，循迹而至，沿着中国政法大学中德法学院的航线图，于2010年赴德交流学习法律。早在2011年年初，译者之一便在弗莱堡大学法学院图书馆的一个角落里发现了这本小书，接下来一口气将其读完并推荐给了另一位译者。自此，我们便产生了将其译为中文的愿望。一方面，是因为此前在国内所阅读的关于法律解释的中文书籍和文章多出于法理学或方法论的专门研究者之手，因此尽管理论上十分深入，但基本上缺乏与具体部门法中的实例的结合，因而对解释准据如何适用于具体案件往往着墨不多。另一方面，被译为中文的相关经典外文著作要求阅读者具备深厚的法学知识，不适合初学者阅读。因此，一本以法律适用为导向、适合初学者的方法论书籍实乃紧缺之物。但由于译者当时德语水平所限，只得将这一愿望深埋心底，冀望于将来。

　　随着在学习过程中对德国法与德国法学教育理解日深，我们愈发认识到，包括法律解释在内的法学方法论是每一名德国法律人必备的"基本功"，一如扎马步对习武之人一般。在实战过程中，马步虽然不能直接克敌制胜，却是习武的基础动作，融于一招一式之中，无处不在。法律解释对法律实践的功用亦是如此。尽管它不能单独解决任何法律案件,但却通过与实体法和程序法相互配合,构成了法律人生活的日常。也正因为如此,对和法律解释有关知识的学习、掌握与运用伴随着法律人整个学习和工作生涯。

当法律人进阶译丛主编向我们征询值得翻译的书目时,我们毫不犹豫地推荐了本书,这源自我们接受的德国法的系统训练以及由此产生的对其法学教育的直接体验、比较、反思和认同,发心祈愿。我们因为中德法律比较研究的原因,成为同班同学,研修不同学科且经常保持着沟通,并由此走向学科的视野融合。刑法、民法是我们的专业,方法论是我们一直以来的共同爱好。

在本书翻译过程中,公法的术语翻译得到曾韬(科隆大学公法方向)、查云飞(明斯特大学公法方向)的帮助,民事诉讼法方面得益于清华大学任重老师(萨尔大学法学博士)。从这种意义上说,本书是有留德背景的不同学科学者合作翻译的作品,是正在成型的法律人共同体互动的小小剪影。本书的校读,有赖北京大学博士生刘凝、中南财经政法大学邱锦铭和中国人民大学李佳临同学,他们参加过我们旨在培养未来的完全法律人的鉴定式案例分析培训课程,是其中的佼佼者。他们参与了课程,反馈了对课程的认知,认可并致力于传播这种法学教育的新理想。在此,对他们在本书译校过程中所作的贡献一并表示感谢。

同时,感谢读者诸君赋予本书以中国意义。"法律人进阶译丛"的目的在于促成中国完全法律人之目标的达成,翻译本书的目的也是如此。请读者诸君注意，方法论与部门法的学习紧密相关，尽管旺克教授在每一点之下都提供了翔实的案例，但想要深入掌握法律解释的精髓，建议在阅读本书之外，配套使用简明教科书和与其配套的案例教科书。这是因为，一方面，读者诸君可以将本书所提供的法律解释与续造的方法适用于教科书中的知识与案例，检验自己对其掌握程度；另一方面，更为重要的是，译者希望读者诸君通过将本书与简明教科书和案例教科书配套使用，自始便形成方法论的自觉，而这一点恰为我国当前的法学教育所忽略。

对于德国法学教育第二阶段所要学习的法庭报告技术的探知和中国化，有赖程序法学者的共同推进。比如民法与民诉法学者的协力与接力，正在展开。或可让人期待的是，年轻的读者诸君能够体认完全法律人理念，了解其整体目标和具体路径，参与这场跨越时空的作者—读者对话，接续推动与塑造未来中德法治交流的航程，增益我们的生活世界。

最后但并非最不重要的是，感谢我们家人默默的付出，他们的包容与支持是我们人生最大的财富。

虽然尽了最大的努力，但是由于水平所限，错误在所难免，还请读者诸君不吝指正，蒋毅的邮箱是 jiangyifreiburg@hotmail.com，季红明的邮箱是 wuyu830614@hotmail.com。

蒋　毅　季红明
2019 年 11 月 12 日

前 言

"法律解释"是法学方法论的一个子领域。法律解释将陪伴法律人整个职业生涯,因此初学者就应当开始学习。

内容丰富的法学方法论作品有许多,但大多需要(读者)对法秩序有深入的了解方能学习;迄今为止,本书是极少数适合初学者学习的作品之一。阅读本书不需要任何的基础知识,这促使我不得不放弃初学者还不能理解的方法论的细节问题和实例。本书试图向人们介绍,即使作为初学者也必须了解的关于法律解释的知识。它也适宜于希望了解法律人的解释工作的非法律人。但是,读者还应当准备一本法律汇编,并且借助法律文本查阅所列举的实例。

本书的论述从简单的实例出发并且有意识地舍去了深入法哲学或法学理论。一些法学方法论充满着大量对初学者——本书所针对的对象——而言由于缺乏实体法知识而难以理解的思考。在本书中,初学者应当首先学会使用工具。在此基础之上,初学者将能够阅读进阶文献,收获颇丰。

本书的实例源自民法、刑法与宪法,亦即和初学者有关的学科。初学者应当意识到,这三个领域原则上都适用同一种解释规则。

在法学中,存在法院和文献持一致意见的特定争议问题,也存在大家持不同意见的争议问题。在一些问题上(客观或主观解释、语义边界、基本权的第三人效力),本书持偏离通说的观点。初学者应当知晓,法学依赖于解释和论据而生存。

为了避免使读者的注意力偏离重要的方法问题,本书没有给出实例在判例与文献中的凭据。

罗尔夫·旺克

2015 年 6 月,波鸿

目　录

导　论 / 001

第一章　解释问题 / 003
一、明确案件问题 / 004
二、寻找相关的法条 / 006
三、构成要件的加工 / 018
四、解释 / 024
五、涵摄 / 027
六、案件问题的回答 / 029
七、第一章小结 / 030

第二章　基本规范与补充规范构成的法条 / 031
一、立法定义 / 032
二、准用 / 035
三、拟制 / 037
四、其他补充规范 / 040
五、实例 / 044
六、第二章小结 / 047

第三章　法律解释的目标 / 049
　　一、立法者意志的认识 / 052
　　二、法律的老化 / 054
　　三、本书立场 / 058
　　四、第三章小结：对法律解释的结论 / 061

第四章　法官法与法学 / 062
　　一、纳入解释之中 / 062
　　二、对主客观解释之争的意义 / 066
　　三、第四章小结 / 067

第五章　语义 / 068
　　一、日常语言中的语义抑或法学—目的性的语义 / 069
　　二、狭义解释与扩大解释 / 077
　　三、分类概念与类型概念 / 079
　　四、概念形成的相对性 / 080
　　五、解释者的意义理解或公认的语义 / 081
　　六、产生时或适用时的语义，主观的或客观的语义 / 083
　　七、案件比较 / 084
　　八、"解释"与"一般条款的具体化" / 087
　　九、行政法的特别之处：裁量与判断空间 / 089
　　十、宪法的特别之处 / 091
　　十一、其他解释准据对于查明语义的意义 / 092
　　十二、第五章小结 / 093

第六章　体系 / 095
一、主观解释和客观解释 / 095
二、外在体系 / 096
三、内在体系 / 098
四、第六章小结 / 110

第七章　产生历史 / 112
一、主观解释和客观解释 / 112
二、前史 / 113
三、狭义的产生历史 / 115
四、发展史 / 117
五、第七章小结 / 118

第八章　意旨和目的 / 119
一、主观解释和客观解释 / 119
二、具体的法律目的 / 120
三、抽象的法律目的 / 120
四、法律目的的冲突 / 123
五、结论的公正性 / 123
六、法律规避 / 124
七、第八章小结 / 125

第九章　解释的结论 / 127

第十章　判例中法律解释的实例 / 129
一、民法（BGH NJW 2004, 56）/ 129
二、刑法（BGH NJW 2003, 1677）/ 132
三、宪法（BVerfGE 32, 54）/ 134

第十一章　法律续造 / 138
一、法律漏洞 / 140
二、法律续造在宪法上的界限 / 144
三、漏洞填补 / 145
四、刑法中的特殊之处 / 156
五、第十一章小结 / 157

第十二章　一个类推的实例（《德国民法典》第 442 条第 1 款第 2 句）/ 158
一、解释 / 158
二、类推形式的法律续造 / 161

第十三章　竞合 / 163
一、排他性竞合 / 166
二、累积性竞合 / 174
三、刑法中的特殊之处 / 176
四、第十三章小结 / 177

第十四章　结论 / 178

第十五章　附录：意思表示的解释 / 180

第十六章　概览：方法论在案例解答中的位置 / 182

缩略语表 / 185

文献目录 / 189

关键词索引 / 191

导 论

法学的学习伴随着两类教育文献：其一是教科书（学习用书、概论等）形式的教义学文献，其二是案例汇编与案例解答的指导用书。本书两者都不是。教科书介绍实体法上的素材，案例汇编则介绍笔试和家庭作业中解答案例的技术。在这方面，它们尽管也探讨法律解释问题，但仅仅将其作为许多问题中的一个问题。与之相反，本书的重点在于法律的解释。

至少当学生需解答一个（尚）不存在法律意见的案例——例如在出现一部新法、或在适用一部旧的但却未被加以评注的法律、或在适用一部尽管被评注但却对决定性问题并未表达意见的旧法时，他需要法学方法论。

这种情况可能出现在家庭作业或研讨会报告中，也可能出现在笔试中。对于学会了在方法上进行论证的学生而言，这种情况极有可能得到解决，而当其他学生面临一个他不知道或没有找到意见的难题时，这种情况将得不到解决。

即使对于一个问题存在充分的判例和文献，要对所找到的论据进行整理和判断，方法论的知识同样必不可少。因此，本书意在帮助初学者在方法论上熟悉法律解释的目标、方法以及法律续造。

第一章

解释问题[1]

在案例解答中,解释问题出现在特定的地方。因此,为了明确这种关联,有必要在本章简要地讨论案例解答的技巧。为此让我们看一下下面这个简短的案例。

案例:聚会案

在一次聚会上,大学生 S 在向客人解释人类的问题时手舞足蹈。他的烟头烫焦了 K 同学的丝绸衬衣(现值:50 欧元)。衬衣不能修复了。为此,K 向 S 主张 50 欧元。

该案十分简单,人们倾向于自发地给出一个答案。而法律人却将相关考虑因素分解为几个思维步骤,即:

- 明确案件问题(具体的法律后果);
- 寻找一项具有相应法律后果的规范(抽象的法律后果);
- 加工构成要件,将其分解为要素;
- 解释法律;

---

[1] 原书无脚注,本书的脚注皆为译者注。由于原书第 2 页为背白,故边码 3 前无边码 2。后文类似处的原因与此相同。

- 将案件事实涵摄[1]到规范的要素之下；
- 回答案件问题。

这看起来很吓人，但通过下文的解释就会变得很好理解。

一、明确案件问题

参考文献：*Diederichsen/Wagner*, Die BGB-Klausur, 9. Aufl. 1998, S. 25ff.；*Olzen/Wank*, Zivilrechtliche Klausurenlehre, 7. Aufl. 2012, Rn. 15ff.

在上文出现了"案件事实"与"具体的法律后果"等概念。在此涉及的问题是：每一个案件都建立在对一个法律上重要的事实之说明的基础之上（委托人向律师说明其案件；律师向法院陈述一个案件；您的女友向您征求意见）。

现实生活的情况是：任何事物均有两面。原告和被告在诉讼中分别向法院陈述了一个不同的案件事实（例如，在前述案件中 S 说："烫焦 K 衣服的不是我而是 Peter。" K 说："可是 S 恰好站在我旁边。"）。那么法院此时必须针对案件的真实情况（所谓的争议事实）是什么搜集证据。

与之相反，在大学的法学教育中，绝大多数的笔试和家庭作业均建立在无争议的案件事实之上。这尽管脱离现

---

[1] 此处德文 Subsumtion，有多种中文译法，如涵摄、包摄、归入等。本书取"涵摄"的译法。

实,但却使学习过程变得更容易。其做法恰如双方当事人向法官陈述了同一事实。换言之,他们对事实经过并无争议,所争论的仅仅是该事实在法律上的评价。

注意:案件事实=具体的事实报告;用于教育目的给出的案件事实通常是没有争议的。

但陈述该案件事实的目的并非为了消遣,而是希望得出一项法律上的结论。换言之,您必须以法律的眼光来审视该案件事实:案件事实中所提到的信息在何种程度上具有法律上的意义?对陈述者而言,所涉及的终究是具体的法律后果。

实例:

- K可以向S主张50欧元吗?
- 我是否必须支付租金的附加费用?
- 书上有污渍,书商可否向我要求价款?

注意:案件问题(=具体的法律后果)=在个案中追求的法律后果。

对我们的初始案例而言:

案件事实　────────→　案件问题
　　　　　　导向

亦即:

S损坏了　　　────────→　K可以向S主张50
K的衬衣　　　　　　　　　欧元的损害赔偿吗?

二、寻找相关的法条

关于法律后果的参考文献：*Engisch* Einführung 41ff.；*Larenz/Canaris* Methodenlehre Kap. 2，1，S. 71ff.；*Zippelius* Methodenlehre § 5 II，S. 24.

1. 规范假设与法律后果

(a) 民法

在教学作业中（笔试、家庭作业），案件问题由提问者预先向您提出。反之，在现实生活中，通常您首先必须查明案件问题，例如作为律师的您说明几种处理方法的可能性并询问委托人，他想要什么。

从案件问题出发您将形成规范假设（按照 *Kriele* 的表达[1]）。您无须知道，是否存在一项回答您的案件问题的法条以及该法条的内容是什么，可以说您首先仅仅需要尝试性地表述：如果存在这样的法条，它的内容可能是什么。

在聚会案中，一个符合该案件的、抽象表述的法条的内容可能是："如果某人损坏了一件属于他人的物品，那么他必须对该他人进行损害赔偿。"

在您明确了案件问题并提出了规范假设之后，和解答案

---

[1] 规范假设的措辞参见 Martin Kriele, Theorie der Rechtsgewinnung, 1. Auflage Berlin, 1967.

例相关的首先是找到抽象的法律后果。

注意：抽象的法律后果＝一个法条的"那么"部分。

就此，我们首先应当寻找一个可能符合既定案件事实的法条（之所以是可能符合，是因为尚需审查该法条实际上是否与案件事实相关）。依据聚会案中对案件事实的描述，我们的感觉是，符合的法条可能是一个涉及私人之间侵害所有权的条款。

所以，聚会案涉及私人——亦即我们必须在《德国民法典》（而不是在《德国刑法典》或《德国基本法》）中去寻找。它涉及的是损害赔偿之债——即与之相关的是第二编债务关系法。它涉及的不是债法上的一般问题，而是一项"具体的债务关系"（比较第八章的标题）。我们最终在《德国民法典》第27节第823—853条"侵权行为"中找到有关的规定。我们可以在以下条款中找到"有义务赔偿他人之损害"的法律后果：

- 《德国民法典》第823条第1款；
- 《德国民法典》第823条第2款；
- 《德国民法典》第826条（以及一些明显和本案无关的特殊条款，例如《德国民法典》第824条、第825条、第831条、第832条、第833条、第834条、第836条、第837条、第838条、第839条）。我们将范围限制在《德国民法典》第823条第1款（有关竞合的考量参见第十三章第二点第1小点）。

重要的是，该法条包含了适合的法律后果。聚会案的问题是："K 可以向 S 主张损害赔偿吗？"所以相关法条规定的法律后果必须为一项损害赔偿义务。《德国民法典》第 823 条第 1 款正是如此（有义务赔偿他人因此而生的损害）。

（b）刑法

前面的阐述仅仅涉及一个民法案件，关于法律解释的思考也以类似的方式适用于法秩序的其他领域。这将借助于刑法与宪法中的实例来展现。

案例：提包案

T 以暴力方式夺走了 O 的提包，以便用所期待的提包中的钱购买一瓶酒精饮料。

本案的问题是："T 如何实施了可罚的行为？"我们可以将规范假设表述为"如果某人为了自己进行变卖而暴力取走他人物品，那么应当对其处以自由刑。"

可能适当的法条为《德国刑法典》第 249 条，其规定的抽象法律后果为："……处以一年以上的自由刑。"

（c）宪法

我们在民法和刑法中学到的关于法律解释的思考方式也适用于宪法中的案件。

案例：雪糕出售案

E 推着他的雪糕车去参加大型集会。一项新的法律规定，"禁止在流动摊位出售雪糕"。在该项法律的说理中指出由于缺乏消毒而存在的健康危险。E 希望针对该项法律采取措施。

本案的问题为,E 针对该项法律提出的宪法诉愿是否可能成功。若该项法律违宪,则 E 将获得成功。相应的规范假设可能是:"如果一项法律侵害了公民的执业自由[1],那么该项法律无效。"

合适的法条为《德国基本法》第 12 条。本案中寻找的法律后果必须为:若一项联邦的普通法律违反了《德国基本法》第 12 条,则其无效。基本权的文本并不包含一项这类法律后果的安排。但是通过解释《德国基本法》可知,适用如下的一般原则:

若一项法律违反《德国基本法》,则其无效。

(d) 小结

由此可见,在三个案例中,我们都既明确了案件问题,也在规范假设的基础上找到了可能有关的规范和抽象的法律后果。

我们概括一下关于法律后果的知识。

民法领域的法律后果主要涉及行为义务或法律状况的成立、变更或消除(履行合同的义务通过一项行为而成立、变更或消灭;一项物品的所有权由 V 移转至 E)。

---

[1]《德国基本法》第 12 条规定了职业自由(Berufsfreiheit),其中含有执业选择自由和执业自由(Berufsausübungsfreiheit)。Berufsausübung 有从事职业、职业之执行、执业等译法,本文取执业之译法。

刑法领域的法律后果为刑罚（罚金刑、自由刑）和矫正与保安措施。

宪法领域典型的法律后果是国家的某项措施不被准许（这里的实例是一项违宪的法律无效）。

2. 构成要件

在找到了一个法条的相关法律后果之后，便可以处理法条的构成要件部分了。每一个法条均由两部分构成，符合一项"如果—那么"结构：

"如果存在 x，那么 y 应当发生"，或者

"如果存在 x，那么应当存在 y"。

换言之，法条的构成要件抽象地给定了被涵盖的情形，法律后果则抽象地给定了满足特定前提时应当发生或存在的后果。

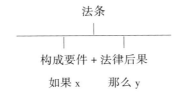

注意：构成要件＝法条的"如果"部分。

（a）民法

（aa）成文法的法条，尤其是请求权基础

民法上的绝大多数案件涉及的是一位公民向另一位公民

要求特定的行为。质言之，这些法条具有如下结构：

"如果存在构成要件前提 x，那么 A 可以向 B 要求行为 y"。

我们可以将这种思想表述为授予权利或科处义务：

"A 有权向 B 要求 y" 与

"B 有义务向 A 给付 y" 相对应。

在此，人们称其为请求权基础（比较《德国民法典》第 194 条第 1 款中对请求权的定义）。这种请求权基础通常源自法律，例如源自债法分则的一个条文：

《德国民法典》第 433 条第 1 款：如果存在一份买卖合同，那么卖方有义务将该物交付于买受人并使买受人取得该物的所有权。

《德国民法典》第 433 条第 2 款：如果存在一份买卖合同，那么买方有义务支付买卖价款。

《德国民法典》第 535 条第 1 款第 1 句：如果存在一份租赁合同，那么出租人有义务转移使用权。

《德国民法典》第 535 条第 2 款：如果存在一份租赁合同，那么承租人有义务支付租金。

或者对于前面的初始案例：

《德国民法典》第 823 条第 1 款：如果侵害了所有权，那么便应当承担损害赔偿义务。

在民法中，也可以不询问一项请求权基础，而询问一项法律行为的有效性。

实例：向 A 表示的通知终止（Kündigung）[1] 有效吗？

或一项权利的存在与否。

实例：K 是否成为自行车的所有人？

这类问题也应当借助法条来解决。

实例：

- 如果一名未成年人未经父母的必要同意（Zustimmung）[2] 作出通知终止的表示，则该项通知终止不生效力（《德国民法典》第 111 条、第 107 条[3]）。
- 如果所有人使受让人取得了对物的占有并且与受让人

---

[1] Kündigung 是涉及劳动关系、租赁关系等继续性合同关系的面向未来的终止方式，有别于一般合同的解除。其译法有通知终止、告知解约等。我国在劳动关系和租赁关系中也常使用解除一词，未与一般合同的解除作区分。我国《合同法》第 91 条规定之终止为广义上的权利义务关系之终止，包含解除。但在德国法语境下，使用 Kündigung 之处，即指明了所涉关系的特性。前述三种译法中通知终止更能彰显此一特点，也可避免与中文语境下终止、解除相混淆，故一般而言可选用之。参见〔德〕克劳斯-威尔海姆·卡纳里斯：《基本权利与私法》，曾韬、曹昱晨译，载《比较法研究》2015 年第 1 期，脚注 1。当然，在涉及劳动关系中的某些场合时，为使语言表达顺畅、彰显含义，可更有针对性地翻译，如雇主想要解雇工人，工人辞职或告知解约。

[2] 德国法上 Zustimmung 为同意，包含事先的同意，即允许（Einwilligung），和事后的同意，即追认（Genehmigung）。三者用词不同，意义不同，请读者注意。

[3] 《德国民法典》第 111 条涉及未成年人之单独法律行为，第 107 条涉及未成年人为意思表示需法定代理人允许。第 107 条适用于第 108 条以下的契约和第 111 条的单方法律行为。从具体适用次序而言，通知终止是单方法律行为，其效力判断应先以第 111 条为基础；而未成年人所为单方法律行为是否"得法定代理人必要之允许"，又可依据第 107 条规定予以判断，该单方法律行为可能为纯获法律上利益之行为，从而不需要法定代理人之允许即可产生效力。纯获法律利益的单方法律行为，适用《德国民法典》第 111 条，其效力为自始有效。参见 MüKoBGB/Spickhoff, 8. Aufl. 2018, BGB § 111 Rn. 4ff.; HK-BGB/Heinrich Dörner, 10. Aufl. 2019, BGB § 111 Rn. 1f。

对所有权的转让达成了合意,那么受让人就成为物的所有人(《德国民法典》第 929 条第 1 句)。

通常,这类关于意思表示有效性或权利存在与否的问题都被包含在对一项请求权的考察之中。

实例:A 是否有权要求 B 支付 4 月份的工资?——只有当 A 与 B 之间还存在劳动关系时。如果 B 在 3 月底向 A 作出有效的通知终止,则不属于这种情况。但如果……则 B 对 A 的通知终止不生效力。

(bb)法官法与习惯法上的法条

与解答法律问题相关的规范也可能是来自法官法或习惯法的规范。例如,联邦劳动法院在其一直以来的裁判中将雇员对雇主的责任限制在所有由经营所引起的活动中。这一裁判可以概括为如下的法条:

对于在因经营引起的活动中由于故意或重大过失造成的损害,雇员应当对雇主承担全部责任。在具有轻微过失时,应当依据个案的情况将损害在雇主和雇员之间进行分摊;在具有最轻微的过失时,雇员无需承担责任(基础性判决:BAG GS v. 27. 9. 1994 AP BGB § 611 Haftung des Arbeitnehmers Nr. 103)。

对于这类法官法上的法条,您必须做与制定法的规定相同的处理。对此举例如下:

实例：B 作为临时司机在 A 的租车行工作。一天晚上 10 点左右，B 驾驶一辆代驾出租车。在一个十字路口，B 未遵守先行权而和另一辆汽车相撞了。A 要求 B 就该代驾出租车产生的损害赔偿 8 000 欧元。

该项请求权的数额仅仅为 4 000 欧元。B 仅仅具有轻微过失，他只需要承担损害的一半。

注意：损害在雇主和雇员之间的分摊比例应当依据个案情况而定，上例中的赔偿份额是以 1/2 为基础的。

有时候，立法者在经过一段时间后也会对习惯法和法官法的结果作出反应。例如，积极侵害债权与缔约过失这两种责任法上的制度已经被规定在《德国民法典》第 280 条第 1 款、第 311 条第 2 款以及第 241 条第 2 款之中。

在传统上，人们区分了法官法与习惯法。据此，只有习惯法具有与制定法相同的约束力。习惯法借由"事实上的持续适用"与"一般的法律确信"来加以定义（判例与全部文献持同一观点）。但是，法官法至少在实践中具有事实上的约束效果。

（cc）原则与一般条款

参考文献：*Larenz/Canaris* Methodenlehre Kap. 6, 3a, S. 302ff.

除了具有构成要件和法律后果这种明确结构的法条外，在所有的法律领域中均存在着原则和一般条款。在民法中，特别重要的是由诚实信用原则推导出的子原则这类法条，诸如：

- 权利滥用；
- 失权；
- 禁止反言（＝矛盾的行为）。

以及其他民法上的原则。

我们可以通过将构成要件分解为具体要素来处理法律确定了构成要件前提的法条，但这种方法对于原则并非总是可行。

例如，（除了涉及《德国民法典》第242条原本意义上的案件，即涉及从合同解释中得出之义务的确定外）我们不能在"诚实信用原则"之下进行涵摄。

实例：B银行告诉其顾客K，他们在卢森堡设有分行。K在没有向财政局申报的情况下将钱存入该分行。财政局得知这一情况后，K获得了一项刑事处罚令。K基于B银行向他提供了错误的咨询，违反了银行合同中的义务而对其主张损害赔偿。

对于本案，不能直接涵摄在《德国民法典》第242条之下，而是首先必须（在一本教科书或评注中）寻找一项相关的子原则。在这里可以考虑的是"前后矛盾的行为不被法秩序所承认"。

从中您可以得出一个法条："面对合同相对人，任何实施了一项与其之前的行为相矛盾的行为之人，均应当为其之前的行为负责。"

在本案中,当 K 起初满怀感激地接受 B 转移资金(和偷税)的提示,而后来以该项建议指控银行违反义务之时,他便陷入了与其先前行为的矛盾之中。

当您找到了子原则之后,接着就应当在评注文献中查阅,关于该子原则是否存在一个符合您案件的案例类型,并从中形成一个适用(涵摄)于您案件的适当法条。

换言之:原则→子原则→案件类型→可涵摄的法条→涵摄。

对于一般条款,您也应当以类似于原则的方式处理。

实例:商人 K 有 A、B、C 3 名雇员。A 为了自用,从办公室拿了一个文件夹回家。尽管经多次警告,B 依然迟到了 10 次。C 对 K 进行了人身攻击。K 可以立即解雇 A、B、C 吗?

10 依据《德国民法典》第 626 条第 1 款的规定,若存在一项"重要的理由",解雇是可能的。您不应当直接在"重要的理由"这一要素之下展开涵摄,而是应当首先在评注文献中寻找案件类型。您将发现:

- 盗窃雇主财产;
- 经常迟到;
- 对雇主实施人身攻击。

对每一个案件类型您将找到一些判决,这些判决中有时肯定、有时否定存在一项重要的理由。接着您就可以将三个案件分别归属于一个案件类型并通过与已决案件的比较得出,在您的案件中"重要的理由"这一要素是否得到了满足。

(b) 刑法

刑法中所关心的是公民是否实施了一项国家应对其处以刑罚的行为。质言之,其法条具有如下结构:

"如果存在构成要件要素 x,则应当对 A 处以罚金刑/……年以下的自由刑。"

正如我们所见,矫正与保安处分措施也是可能的法律后果。

与民法不同,由于《德国基本法》第 103 条第 2 款的规定,刑法中不存在导向可罚性的习惯法法条(反之,习惯法上对行为人有利的法条可以适用)。

在刑法中,存在着一系列由判例与文献发展而来的原则,这些原则经由 1975 年的法律改革而被纳入了法律。

(c) 宪法

就初学者感兴趣的方面来说,宪法涉及的是国家是否通过作为或不作为侵害了公民的基本权。换言之,其法条具有如下结构:

"若国家的一项措施侵害了公民的基本权,则该措施无效/应予撤销。"

基本权教义学不但援引具体的基本权,而且援引宪法原则。就此，人们力图找到这些宪法原则与基本法文本之间的关联，然而它们之间的关联通常比《德国民法典》第242条与其诸子原则间的关联更加松散。例如在宪法解释时适用：

- 民主原则；
- 权力分立原则；
- 法治国原则。

从法治国原则中也发展出了数项子原则，如：

- 规范的明确性要求；
- 禁止溯及既往；等等。

三、构成要件的加工

如果您找到了相关的法律基础，则必须接着为解答案例加工法条的构成要件。

提示：为了不对初学者或者非专业人士造成困惑，后面的论述都将以针对一个案件事实只有一项规范可以适用并且该规范也有效这种（极为罕见的）情形为基础。对于进阶者而言，在处理构成要件的细节之前，首先应依据上位法审查一项规范的有效性［就此参见下面第六章第三点第1（a）（b）项］，接着考察该规范是否为其他规范所排除（就此参见下面第十三章第一点）。

为了进行处理，一项法条的构成要件将被分解为诸多承载意义的要素。

1. 民法

实例：《德国民法典》第 823 条第 1 款的构成要件：

- 任何人。
- 生命。
- 身体：
  ——健康；
  ——自由；
  ——所有权；
  ——或一项其他权利。
- 其他人的。
- 违法的。
- 故意的：
  ——或过失的。
- 侵害。

人们能否借由这一未经加工的构成要件完成案例解答，必须接下来加以考察。首先必须考察的是，案件事实与构成要件是否相互匹配。案件事实的说明必须满足法条的构成要素。

就此，无须将完整的案件事实与完整的构成要件进行比较，而是比较具体案件事实的说明与相关的构成要件要素，例如在聚会案中：

- 任何人=S；
- 一项受保护的法益=所有权；
- 他人的=K 的；
- 侵害=K 的衬衣被烫焦；
- 违法的=S 不得实施；
- 过错=S 原本可以认识到并避免。

在该过程中，首先仅仅尝试性地把案件事实中的具体说明归属于法律的要素。案件事实的说明是否事实上满足了这些要素，还有待考察。

在侵权行为的构成要件前提中，人们集合了三个阶层：

广义的构成要件=狭义上的构成要件+违法性+过错，对于《德国民法典》第823条这意味着：

    广义的构成要件：

狭义上的构成要件：
- 任何人；
- 所有权；
- 他人的；
- 侵害。

违法性：
- 违法的。

过错：
- 故意的或过失的。

2. 刑法

对刑法实例而言,得出的结果为:
- 任何人 = T;
- 他人的动产 = O 的提包;
- 他人的 = O 的;
- 通过暴力 = 通过夺取;
- 取走 = T 将提包据为己有(并将其保留);
- 故意的 = T 意欲实施该行为;
- 具有非法占有意图 = T 想要拥有该提包,以便得到并保有其中的金钱;
- 违法的 = 对 T 而言,并不存在正当化事由的介入(例如《德国刑法典》第 32 条,正当防卫);
- 有责的 = 对 T 而言,并不存在免责事由的介入(例如(《德国刑法典》第 19 条,未成年)。

我们在《德国民法典》第 823 条第 1 款所认识的构成要件的三分,在刑法分则中十分普遍:

广义的构成要件 = 狭义的构成要件 + 违法性 + 罪责。在《德国刑法典》第 249 条的**实例中**:狭义的构成要件 = 任何人故意并且具有占有意图地以暴力取走他人的动产。

3. 宪法

初看起来,宪法实例使我们手足无措。由于《德国基本法》第 12 条规定，执业的自由可通过法律进行调整，并且本案中存在着一项法律规定，因此雪糕出售案显得毫无希望。然而，一如不成文的附加要素所示，该法条的内容为：

若一项法律不符合比例地干预了执业自由，则该项法律违反《德国基本法》第 12 条的规定并且无效。由此可知：

- 法律＝《雪糕售卖法》；
- 执业＝出售雪糕；
- 干预＝法律上的禁止；
- 不合比例的＝存在一种更为轻缓的手段来实现法律目的。

依据立法者的意见，该项法律的目的主要是为了避免从移动摊位出售雪糕时由于有瑕疵的卫生措施对健康产生的危害。

这里您也将看到，在三个法律领域中，您均需首先通过将构成要件分解为具体的构成要件要素的方式对其加以裁剪。

在宪法中，广义的构成要件也将为了审查而被分解为数个阶层。对于典型的"干预案件"将得出如下的图式：

广义的构成要件＝基本权的保护范围＋干预＋限制＋限制的限制。

在此，保护范围与您在民法和刑法中认识的狭义的构成要件相应，"干预""限制""限制的限制"与违法性考察相应；不存在对过错的考察（参见 *Pieroth/Schlink*, Grundrechte, Staatsrecht II, 26. Aufl. 2010, Rn. 212 ff.)。

对于和《德国基本法》第 12 条有关的雪糕出售案，我们可以得出：

保护范围＝职业自由；

干预＝干预职业自由的法律；

限制＝通过普通法律限制基本权合法；

限制的限制＝但是该项法律必须符合比例原则。

在雪糕出售案中，您也已经看到，除了法律明确提及的要素外，还存在着其他不成文要素。在所有的法律领域中均可找到这类不成文要素。例如，在《德国民法典》第 823 条中的"任何人"和"侵害"之间可以读出：一项与侵害存在因果关系的行为。

实例：B 将女同学 K 推到了离 S 非常近的位置，以至于 K 的衬衣被烫焦了。——S 的行为，狂野的手舞足蹈是 K 的所有权遭受侵害的原因吗？（是的，共同引起便足够了）

术语提示：民法学家所说的"Merkmal"（特征/要素）[1]、刑法学家所说的"Tatbestandvoraussetzung"（构成要件的前提），所指的是同一项事物。

---

[1] 民法中常见的译法为特征，刑法中通译为要素。

四、解释

参考文献：*Larenz/Canaris* Methodenlehre Kap. 4, 1a, S. 133ff.

对于绝大多数案件事实的说明，涵摄并不存在问题。S与K分别为一个"任何人"与"其他人"是如此的明显，以至于我们无须再提及。

反之，这种自动的涵摄有时候是不可能的。我们必须首先搞清楚，法律中的用语到底是何意义。

1. 民法

在上述实例中，《德国民法典》第823条第1款中的"故意的"与"过失的"作何理解，该条款中的"违法的"作何理解？

提示：解释＝查明一项用语在法律中的意义。

为了查明一项构成要件要素的意义，存在以下步骤：

（1）适用补充规范；
（2）适用一项既定的解释；
（3）自己的解释。

对于"故意的"这一要素，我们在《德国民法典》中找不到任何其他解释该要素的条款。换言之，考察的第（1）步未得出结果。反之，对于"过失的"这一要素，我们可以在《德国民法典》第 276 条第 2 款中找到一项解释，亦即："过失者，未尽交往中的必要注意也。"对于"违法的"这一要素，《德国民法典》同样不存在任何说明。在第（2）步中，我们追问人们通常如何理解该要素。每一项评注、每一本教科书将给出同样的回答：

违法的＝不存在一项正当化事由。

至此我们都做了些什么呢？

- 我们将构成要件分解为诸多的要素；
- 我们对意义不明的要素加以解释。

在作出符合案件的解释后（在其他案件中，该规定的其他要素可能存在疑问），《德国民法典》第 823 条第 1 款的内容为：

- 任何人；
- 所有权；
- 他人的；
- 不存在一项正当化事由；
- 未尽交往中的必要注意（《德国民法典》第 276 条第 2 款）；
- 侵害。

2. 刑法

参考文献：*Baumann/Weber/Mitsch*, Strafrecht AT, 11. Aufl. 2003, §9 Rn. 55ff.；*Wessels/Beulke/Satzger*, Strafrecht AT, 44. Aufl.

2014，§2 Rn. 56ff.

在刑法实例中，《德国刑法典》第249条构成要件部分的绝大多数要素并不存在疑问。有问题的可能是"通过暴力"这一要素。请比较下面的例子：

- O将其提包松散地挎在肩上，T将其从O的肩上拿走。
- O将手放在提包上，当感觉到猛烈的拉拽时，其使劲将提包按住。T仍然将提包从其手中夺走。

就此我们将得出如下的解释结论，即"暴力"包含了对一项反抗的克服。

3. 宪法

参考文献：*Hesse*, Grundzüge des Verfassungsrechts der Bundesrepublik Deutschland, 20. Aufl. 1995 (Nachdruck 1999), §2 Rn. 49ff.; *Katz*, Staatsrecht, 18. Aufl. 2010, §5 IV, Rn. 109ff.; *Zippelius/Würtenberger*, Deutsches Staatsrecht, 32. Aufl. 2008, §7 I, S. 59ff.; *Stein/Frank*, Staatsrecht, 21. Aufl. 2010, §6, S. 33ff.

在上面的宪法实例中，我们对"不合比例的"这一不成文的构成要件要素存在疑问。该项要素尽管并未通过《德国基本法》得以说明，但却通过判例和文献借由三项子要素予以了说明：

- 一项不适于达成所预期之目的的干预不合比例（适当性）。

- 此外，若就法律目的的达成存在一项同样适当但却更加轻缓的手段，则干预不合比例（必要性）。
- 最后，若一项干预造成的损害大于收益，则干预不合比例（均衡性）。

抽象地说，该法条的构成要件部分（就与本案的合比例性原则相关的方面）的内容为：
- 一项法律；
- 干预了执业的自由；
- 尽管原本存在一项同样适当但却更轻缓的手段实现该项法律目的。

换言之，本案涉及的是该项法律追求的目的与立法者在该项法律中所使用的手段。从官方说理中可以得知，该项法律的目的是通过更好的卫生条件来更好地保护消费者。由于与移动的出售摊位相比，固定的出售摊位更易保持清洁，因此对于法律目的的实现而言，所制定的规定并非不适当。另一方面，原本存在更加轻缓的手段，即对移动的出售摊位提出特别的清洁要求。

五、涵摄

参考文献：*Bydlinski* Methodenlehre 395ff.；*Engisch* Einführung 83ff.；*Larenz/Canaris* Methodenlehre Kap. 2, 5b, S. 93ff.；*Zippelius* Methodenlehre § 16 I, II, S. 79ff.

在对案件中存在疑问的构成要件要素进行处理之后，我们便可以进行涵摄了。

注意：涵摄＝将一个法条适用于一项案件事实。

在此，涵摄构成了一项推导程序。法律的构成要件构成了大前提，从应予裁判的案件事实说明中将得出小前提。作为逻辑推导的结论，案件事实要么满足了法律，要么没有满足。

实例1：**大前提**：任何人未尽交往中的必要注意而侵害了他人的所有权。

小前提：S因未尽交往中的注意而损坏了K的衬衣。

结论：因此，S的行为满足了《德国民法典》第823条第1款的规定。

实例2：**大前提**：任何人以违法占有他人动产的意图而通过对人实施暴力取走动产。

小前提：T出于违法占有O的提包的意图以夺取的方式取走了该提包。

结论：因此，T的行为满足了《德国刑法典》第249条的规定。

实例3：**大前提**：一项法律干预了执业自由，尽管原本存在同样适当但却更轻缓的手段。

小前提：尽管存在一项替代该一般禁令的、同样适当但更为轻缓的手段，联邦立法者仍然通过颁布一项法律干预了雪糕出售者的执业自由。

结论：因此，该项法律违反了《德国基本法》第 12 条的规定。

如您所见：若我们先通过解释厘清了所有有疑问的要素，则涵摄很容易。您也看到了，就一项特定案件问题的解释所指为何。并非对所有的构成要件要素均应加以问题化，而应当仅仅结合具体案件事实对理解存在疑问的要素加以问题化。

六、案件问题的回答

在第一个实例中，当我们确认《德国民法典》第 823 条第 1 款的构成要件得到了满足之后，也应当肯定《德国民法典》第 823 条第 1 款的法律后果。S 有义务对 K 所产生的损害（本案中为 50 欧元）进行赔偿。

由于 T 满足了《德国刑法典》第 249 条规定的构成要件，所以应当对其处以 1 年以上的自由刑（但也请查看《德国刑法典》第 249 条第 2 款）。

在宪法实例中，案件问题的答案为：《雪糕售卖法》无效。

在案例解答的众多步骤中，方法论主要关心涉及法条解释的这个步骤。后面的章节将处理该问题。

七、第一章小结

您将面对一项案件事实，一个具体的事件。从该案件事实中将产生一个案件问题，即一项涉及具体案件的法律后果。对此您应当提出一项规范假设：对该项问题提供答案的法条的内容是什么？您将在制定法（或习惯法）中寻找一个或数个抽象地含有所寻找的法律后果的法条。您所找到的法律后果，是一个法条的一部分。该法条由构成要件和法律后果构成。在您将法条适用于案件之前，必须对其进行加工。就此，您应当将法条的构成要件部分和法律后果部分分解为具体的要素。若一项要素的意义并非是可立即理解的，则您必须对该要素加以解释。就此需要援引可能的补充规范（补充规范的细节参见后文）。只有当您对法条的构成要件部分和法律后果部分的要素作出了解释之后，才可以涵摄，即将法条适用于案件。

第二章

基本规范与补充规范构成的法条

参考文献：*Bydlinski* Methodenlehre 400ff.；*Engisch* Einführung 41ff., 55；*Larenz/Canaris* Methodenlehre Kap. 2, 2, S. 78ff.

法学方法论的内容主要涉及法条解释的工作步骤。

到目前为止，我们处理的均为简单案件。我们可以直接解释具体的要素，而无须援引其他条款。只有对"过失的"这一要素，我们援引了《德国民法典》第 276 条。然而，案件通常并非如此简单。为了理解一项规范的要素，通常需要动用其他条款。就此而言，各具体的法条仅仅构成一项核心法条（*Kernrechtssatz*），该核心法条必须由其他规范所补充（补充规范）。

对于补充性规范，人们有时候将其分为说明性、限制性与准用性法条（*Larenz/Canaris* Methodenlehre Kap. 2, 2, S. 78ff.）。[1] 下面首先（在第一至第三点中）介绍立法者通过

---

[1] verweisende Rechtssätze 有译为指示参照性的法条、准用性（引用性）法条，实际是指立法者适用参照引用技术，将某一规范的构成要件或法律后果准用于当前的某一规范，以达条文简洁之效。以下如无特别说明，即以准用表示 verweisen，意即指示参照、指示参引、参引、指引。参引、准用的德文表达有多种方式，（转下页）

特别的法律技术手段创制的补充规范。在第四点概括其他的补充规范。在第五点中将给出一项实例，在该案例中，我们必须整合数项补充规范以形成一个法条。

一、立法定义

1. 民法

补充规范的一项技术在于提出由立法者自己给出的定义（=立法定义），例如《德国民法典》第 90 条关于"物"的定义。

在聚会案中，S 的手舞足蹈导致 K 的衬衣被烫焦。在《德国民法典》第 823 条第 1 款的意义上，这是有"过失的"吗？S 认为，人们在聚会上的动作不时的会更剧烈一些。

在我们考虑《德国民法典》第 823 条第 1 款中的"过失的"意义是什么之前，我们将寻找，立法者自己是否在其他地方对此给出了答案（"立法定义"）。《德国民法典》第 276 条第 2 款中的（只适用于《德国民法典》，不适用于刑法，参见第五章第四点）原文是："未尽交往中的必要注意者，即为有过失。"为解释《德国民法典》第 823 条第 1 款

（接上页）常见的比如 gilt entsprechend 或 findet entsprechende Anwendung（相应地适用=准用），或者不出现此类的语词而表示准用，比如依据《德国民法典》第 281 条债权人满足另一规定（第 286 条第 1 款）之要件可以主张某种给付。

中的"过失的"这一用语，我们必须强制性地以《德国民法典》第 276 条第 2 款为基础。与仅仅基于"过失的"这一表述相较，我们现在可以更好地说：任何参与聚会之人，均应遵守聚会上必要的注意义务并相应地控制其双手的动作幅度。

在《德国民法典》中，立法定义的其他实例还有：

第 90 条，物 = 有体的标的物；

第 121 条第 1 款，毫不迟延的 = 不存在有过错的迟延；

第 872 条，自主占有 = 以所有的意思而占有；

第 932 条，恶意 = 明知或由于重大过失而不知道，物品不属于让与人所有。

2. 刑法

在《德国刑法典》中也可以找到一些立法定义。

实例：A 通过向 T 承诺 200 欧元的报酬，说服了 T 夺取 O 的提包并将其交于 A。

T 实施了一项抢劫（《德国刑法典》第 249 条）。A 可能作为教唆犯而依据《德国刑法典》第 26 条的规定被处罚。此时应当援引《德国刑法典》第 11 条第 1 款第 5 项的立法定义。亦即，只有一个实现了一项刑罚法规（本案中《德国刑法典》第 249 条）的构成要件的行为才是违法行为。

《德国刑法典》第 11 条与第 12 条中包含了一系列的立

法定义。例如，对于何谓"亲属""措施"或"轻罪"都作出了精确规定。

《德国刑法典》第32条第2款包含了对正当防卫的立法定义。该定义应当放入规定违法性问题的《德国刑法典》第32条第1款之中加以使用。

3. 宪法

在宪法中，立法定义极为少见。

实例：联邦议会在一项特定的国会任期中拥有602名议员，有500名议员出席选举联邦总理的会议。出席者中的290名议员投给了A党的候选人，其余的210名议员投给了B党的候选人。A党的候选人认为，他已经当选了联邦总理。

与此相关的是《德国基本法》第63条。据此，在第一轮投票中需要联邦议会议员多数的选票。对于如何理解"联邦议会议员的多数"，应从《德国基本法》第121条中得出：决定性的是法定议员数量的多数。换言之，《德国基本法》第121条包含了"联邦议会议员的多数"这一概念的定义。对上例而言意味着，A党候选人距第一轮选举的胜选还差12票。在这一轮选举中，A党候选人并未当选为联邦总理。

二、准用

1. 民法

我们也可能遇到准用（Verweisung）形式的补充规范：一项规范规定应当相应地适用于另一项规范。例如《德国民法典》108条及以下几条不但适用于未成年人，稍加改变也适用于"被照管人"（《德国民法典》第1903条第1款第2句）。

实例：在一个十字路口，S骑自行车时由于出神撞到了骑自行车的G。G（在S的角度）从右边过来。G被撞倒，医生为其治疗了腿伤。G向S主张100欧元的治疗费用。

S由于没有遵守先行要求，违反了《道路交通条例》第8条第1款第1句的规定。S对G负有赔偿义务吗？《道路交通条例》对此并未加以规定。其中所包含的公法条款仅仅规定，人们在道路交通中应当如何行为，但却未规定违法时将会在私法领域产生何种法律后果。《德国民法典》对此作出了规定。然而，《德国民法典》并没有将其他法律中应当导致损害赔偿义务的所有规范一一列明，而是概括地规定：

《德国民法典》第823条第2款第1句内容为："违反以保护他人为目的的法律之人，负相同的义务。"

显而易见,《道路交通条例》第 8 条的目的在于保护其他交通参与者。但是何为"相同的义务"？这可以从《德国民法典》第 823 条第 1 款末尾（有义务对他人由此所产生的损害进行赔偿）得出。

换言之,《德国民法典》第 823 条第 2 款的内容是：对于第 2 款的法律后果，适用第 1 款的法律后果！因此，在第 2 款中，该规定中的法律后果准用第 1 款。在所有准用的情形中，我们都可以通过将表述全部写出而消除准用，即："任何违反以保护他人为目的的法律之人，有义务对他人由此所产生的损害进行赔偿。"

2. 刑法

在《德国刑法典》中，立法者也借助准用开展工作。

实例：A 希望摆脱其女友 B，因此告诉 B，欲与其离婚的丈夫 E 计划在定于下周日举行的和解谈话中杀害她。而 A 完全知道，E 并无此计划。

依据《德国刑法典》第 241 条第 1 款的规定，任何违背自己明确认知而对他人以针对其实施一项重罪相威胁之人均可罚。但 A 并没有以其想要杀害 B 进行威胁，而是欺骗 B，E 计划杀害她。在这种情况下,《德国刑法典》第 241 条第 2 款介入：任何人违背其明确认知而欺骗他人，第三人计划针对该他人实施一项重罪，应予以"相同的"处罚。其刑度如何，可从《德国刑法典》第 241 条第 1 款中得出，《德国刑法典》第 241 条第 2 款通过"同样的"对其予以了准用。据此，刑度可能是 1 年以下的自由刑或罚金刑。

3. 宪法

在《德国基本法》中，可以在诸如第 81 条第 1 款第 1 句与第 113 条第 1 款第 2 句中找到准用。由于这两个条款对初学者不重要，所以这里不对其举出实例。

三、拟制

1. 民法

除了其实是准用公式的立法定义外（在《德国民法典》中所有出现"物"的地方，都使用《德国民法典》第 90 条的文本），立法者也可以借助作为准用的手段之一的拟制展开工作。在法律中，一项拟制通过"视为"来进行表达。这意味着：对一项特定的情形已经存在一个法条。在构成要件部分，该法条并不符合当前案件；但该案件应当与已经被规定的情形做完全相同的处理。此时，立法者可以这样表述：

"对于构成要件 b，应当相应地适用 a 的构成要件与法律后果。"

（例如：对于照管的情形应当相应地适用有关未成年人

的规定)或者

"b 被视为本法意义上的 a。"

(例如：被照管人被视为本法意义上的未成年人)

这里原本涉及的情形是这样的：其中一项特定的构成要件原本不存在，并且法律也并未主张其存在，而仅仅希望参照相应的规定。

实例：在女游泳池旁张贴着"男士禁止入内"的布告。对于泳池救生员应当适用什么呢？布告第 2 条的内容可能为：

"该规定不适用于泳池救生员"，或者

"泳池救生员视为女性"。

然而，当所涉及的并非这类案件事实假设，而是单纯地认为"在本法的意义上……是"时，法律也经常使用"视为"这一表述。例如，《德国民法典》第 92 条第 1 款正确的内容为"在本法意义上(消费物)是"，而同一种东西在《德国民法典》第 92 条第 2 款中则被表述为"视为消费物"。

有时候当不确定一项案件事实是否得到了满足，但特定的法律后果无论如何均应当发生时，也使用"视为"。

实例：法律区分了两种类型的错误，其一为《德国民法典》第 119 条第 1 款规定的表示内容错误(有权撤销)，其二为人们不能援引的单纯的动机错误。

案例：

基本情形：Konrad（K）在 Vincent（V）那里看到了一幅画，他想为了下一次聚会借这幅画。于是 K 对 V 说："我可以把它带走吗？"V 同意了，因为他以为，K 想要买这幅画。当清楚实际情况后，K 由于内容错误而将画还给了 V（《德国民法典》第 119 条第 1 款）。

（1）**第一种变形**：K 想要买这幅画。K 原以为这幅画很适合放在他的卧室，而实际上色彩之间很不协调。在这种情形下，K 仅仅存在动机错误，即对购买的理由存在错误。对此不存在撤销的可能性。

（2）**第二种变形**：K 向 V 购买了一幅画，他以为这幅画是毕加索的作品。然而在交付之前 K 断定这幅画是赝品。因此 K 向 V 表示："我弄错了，我把画还给你并要求你还钱。"换言之，K 对画的性质——画的真实性发生了错误的认识。依据《德国民法典》第 119 条第 2 款的规定，性质错误到底是一项内容错误（依据《德国民法典》第 119 条第 1 款的规定有权撤销，比较基本情形）还是一项动机错误（无权撤销，比较第一种变形）？《德国民法典》第 119 条第 2 款对其在教义学上的归类保持开放，但至少撤销应该是可能的。因此规定："对……性质的错误认识也视为表示内容错误。"

2. 刑法

在《德国刑法典》中，拟制主要存在于有关行为的法律后果的章节中。例如《德国刑法典》第 55 条第 1 款第 2 句、第 57 条第 4 款、第 57a 条第 2 款以及第 66 条第 4 款第 1 句中均含有拟制。但是由于这些内容在第一次国家考试之前均不重要，因此这里也不对其举例。

3. 宪法

在《德国基本法》第 81 条第 2 款、第 115a 条第 4 款与第 135 条第 7 款中均存在拟制。

四、其他补充规范

除了上面提到的立法定义、准用（引用）与拟制的特别手段，立法者还采取一般的方式，不将所有要素置于一项规范，而是分配在数项规范之中。对此也存在着不同的技术。

1. 民法

例如，立法者通常在积木原则的意义上对普遍性条款"提取公因式"。所以，您必须在各特别规范中予以援引。

在《德国民法典》第 276 条的实例中，我们已经对此有了认识（《德国民法典》债编总则[1]）；该条款必须被纳入债编分则之中。

---

[1] 作者原文为《德国民法典》总则，疑为笔误。

有时候，立法者的一项统一的思想也被分裂在两个条款中。

实例：9月中旬，Schulte（卖方）与Gebhard（买方）就一面特定的古镜订立了一份买卖合同。Schulte尚需对古镜进行修复并将于11月1日送至Gebhard处。10月份，古镜被Schulte不小心摔坏了，不可修复。而Gebhard已经找到了下家，他希望通过转手而获利。Gehard希望从Schulte那里获得所错失之利益的赔偿（古镜案）。

首先应当将所希望的法律后果（对所失利益的赔偿）"翻译为"《德国民法典》中的术语。依据《德国民法典》第252条的规定，所失利益为损害赔偿的一部分。换言之，所寻求的法律后果是提供损害赔偿。由于原本所负担的给付不可能了，所以应当由损害赔偿取而代之。质言之，这里涉及的是"替代给付的损害赔偿"。

在第二步中，应当寻找一项包含了将"替代给付的损害赔偿"作为法律后果的规范。该项法律后果可以在《德国民法典》第280条第3款、第281条、第282条与第283条中找到。《德国民法典》第283条适合前述案件，因为镜子的交付已经变得不可能了；依据《德国民法典》第283条的规定，准用《德国民法典》第275条第1款，这将使得Schulte不再负有给付义务。此外，《德国民法典》第283条与第280条第3项相互准用。从这些准用（引用）中可以得知，《德国民法典》第 280 条与第 283 条的前提必须同时存在。

因此，完整的请求权基础为《德国民法典》第 280 条第 1 款、第 3 款以及第 283 条。此外还应当考虑《德国民法典》第 249 条及以下数条，包括第 252 条。损害赔偿义务只能从数项规范的相互配合中才能得到证立。

实例：尽管承租人 Müller（M）有一份 12 月底才到期的合同，出租人 Vollrat（V）却在 10 月 16 号就要求他搬出出租屋。

依据《德国民法典》第 985 条的规定这是可能的，因为 V 是房屋的所有人而 M 为占有人。但是从《德国民法典》第 986 条的规定可知，该项请求权只能针对无权占有人而存在。而在 12 月底之前，M 有权占有该房屋，所以目前 V 对 M 并不享有返还请求权。因此，《德国民法典》第 985 条与第 986 条必须始终被视为一个整体。

在补充性法条中，具体可能涉及：完整化（如上面的实例）、具体化、扩张或限制。《德国民法典》第 104 条及以下几条的实例显示出：《德国民法典》第 104 条第 1 项是一项没有法律后果的规范，因此是不完整的。其法律后果在《德国民法典》第 105 条第 1 款中。整合成一个完整的法条时，其文本内容为：

"（一名尚未年满 7 周岁之人）的意思表示无效。"

《德国民法典》第 110 条、第 112 条与第 113 条包含着对第 108 条第 1 款的扩张。一份由未成年人签订的合同若要有效，原则上必须由其法定代理人对具体的合同予以允许或追认。与之相反，所提到的这三个条款对于特定种类的法律行为规定了一项一般性的允许。

2. 刑法

在刑法中，我们时常也必须从数个条款中整合出一个法条。

实例：A 过失地撞倒了 B 价值连城的明代花瓶，花瓶碎了。依据《德国刑法典》第 303 条第 1 款的规定，A 是否可罚？

从《德国刑法典》第 303 条第 1 款中我们看不出立法者希望区分故意与过失行为，所以 A 似乎可罚。但是，处于《德国刑法典》总则中的第 15 条，构成了对《德国刑法典》分则所有犯罪构成要件的补充。依据该条规定，除了对过失行为明确加以刑罚之威慑外，只有故意实施行为之人才可罚。对于该实例而言，这意味着：由于法律并未明确将过失毁损财物置于刑罚之下，所以其不可罚。因此，依据《德国刑法典》第 303 条第 1 款的规定，A 的行为并不可罚。

3. 宪法

实例：一项联邦法律的内容为"比勒菲尔德的 Alfred Müller 先生不得出售雪糕"。

作为《德国基本法》第 12 条的补充规范，《德国基本法》第 19 条第 1 款第 1 句禁止个案性法律。立法者必须抽象、一般地表述其禁令，接下来才可以通过官方的决定与个案发生关联。

五、实例

您应当如何从数个补充规范中组合成所需的法条，展现在下面的例子之中：

实例：16 岁的 Monika（M）以 100 欧元的价格向对其提出要约的时装店老板 V 购买了一条名贵的牛仔裤。由于钱没带够，所以 M 想回家拿钱。当 M 到家时，父母被价格惊呆了（牛仔裤案）。

V 可以向 M 要求付款吗？

M 与 V 就牛仔裤的买卖达成了合意，所以 V 可能依据《德国民法典》第 433 条第 2 款的规定享有一项支付价款请求权。但如果 M 与 V 的合意不生效力，则该请求权便不存在。合意不生效力的可能原因为，M 尚未年满 18 周岁并且其父母没有对购买予以同意。基于一项规范假设，我们需要寻找一个具有如下内容的条款："在特定的前提条件下，尚未年满 18 周岁之人不能作出一项在法律上具有约束力的表示。"由此我们进入了基于年龄的理由而使法律行为不生效力（或者无效）这一主题。

我们可以在以下三个条款中找到基于年龄的理由而产生法律行为不生效力这种法律后果：
- 《德国民法典》第 105 条；
- 《德国民法典》第 108 条；
- 《德国民法典》第 111 条。

（《德国民法典》第 107 条与此无关，因为该条未包含任何法律后果。该条仅仅规定，需要父母的同意，但并未规定，未予同意时将发生什么。）

根据《德国民法典》第 104 条第 1 项的规定，《德国民法典》第 105 条的规定仅仅涉及未满 7 周岁的未成年人，因此该条被排除在前述案件之外。依据《德国民法典》第 106 条的规定，对于已满 7 周岁的未成年人，应当适用第 107 条及以下几条。《德国民法典》第 2 条补充性地规定，年满 18 周岁之人为成年人。换言之，《德国民法典》第 107 条及以下几条涉及满 7 周岁但未满 18 周岁的人，所以与 16 周岁的 M 相关。

本案涉及的并非是一项单方表示（诸如遗嘱），而是缔结一项买卖合同，所以关键在于《德国民法典》第 108 条，而非《德国民法典》第 111 条。

《德国民法典》第 108 条：
构成要件：
未成年人（满 7 周岁但未满 18 周岁）；
合同；
需要允许或追认；

法定代理人。

法律后果：

有效，如果；

法定代理人；

予以了允许或追认。

正如已经分析过的，您首先必须对构成要件部分的每一项要素进行解释。对于"未成年的"这一要素，您已经做过了解释。而牛仔裤案所涉及的是一项合同，在这里并不存在疑问。

依据《德国民法典》第 108 条第 1 款的规定，M 的承诺表示可能无效，因为缺乏必要的允许或追认。针对必要的允许，《德国民法典》第 107 条规定的是单数的法定代理人，所指的却是作为法定代理人的父亲与母亲（《德国民法典》第 1626 条、第 1629 条）。[1] 此外，正如从《德国民法典》第 183 条可知，"允许"意指父母事前的同意，依据《德国民法典》第 184 条的规定，"追认"意指事后的同意。在缔结合同前或缔结合同时，M 的父母并未对合同予以同意。在 M 与 V 缔结合同之后，其父母拒绝进行追认。但根据《德国民法典》第 108 条第 1 款的规定，只有当允许"有必要"

---

[1] Gesetzlicher Vertreter im Singular，德语中名词会显示单复数、阴阳性，这里只写的单数阳性/男性的法定代理人。现在很多表述都会针对女性再写一个阴性词尾的词，两个词共同使用来表示男女均有，比如学者要写成男学者和女学者，以示对女性的尊重。德国民法典制定之初，没有强调男女之别。

时，允许才是重要的。而允许是否必要，依据《德国民法典》第 107 条而定。由于一项买卖合同的缔结将导致付款义务，所以这种缔结在法律上并非是纯获利益的。因此，该项买卖合同由于缺乏必要的允许是不发生效力的（在此不讨论《德国民法典》第 108 条第 2 款）。

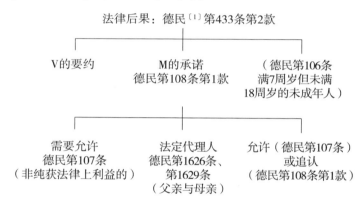

六、第二章小结

若我们为了寻找相关的法条而提出了一项规范假设，则接下来在法律中寻找时，极少可能会找到一个在如下意义上是完整的法条，即该法条对所有依据案件事实存在疑问的要素均作出了规定。我们通常将仅仅找到一个核心法条。为了

―――――――――
〔1〕 图中"德民"指《德国民法典》。

待决的案件问题,首先我们必须通过寻找其他规定而将核心法条完整化。这种完整化可以借助立法定义、准用或拟制来完成。此外,还应当援引对核心法条进行完整化、具体化、扩张或限制的补充规范。

只有在考虑所有的补充规范之后,我们才拥有了现在可着手对其进行解释的完整法条。

第三章

法律解释的目标

一般性参考文献：*Bydlinski* Methodenlehre 428ff.；*Engisch* Einführung 155ff.；*Larenz/Canaris* Methodenlehre Kap. 4, 1, S. 133ff.；*Rüthers/Fischer/Birk* Rechtstheorie Rn. 717ff.；*Zippelius* Methodenlehre § 411, S. 17ff.；关于刑法的文献：*Baumann/Weber/Mitsch*, Strafrecht AT, 11. Aufl. 2003, § 9 Rn. 74ff.

法学方法论的存在伴随着一项独特的矛盾，它区分了解释目标与解释准据，围绕着两者进行了激烈的（意见）争论。但在"解释目标"领域获胜通常不会带来什么改变。很多时候，作者们自己在论述解释准据时，都不考虑他们就解释目标所获得的认知；并且当判例与文献对一个具体问题找到了一种符合方法的解释时，它们通常不会对解释目标作出陈述。这证明了，区分解释目标与解释准据的常见方式是存在问题的（相同意见参见 *Rüthers/Fischer/ Birk* Rechtstheorie Rn. 725ff.）。

尽管如此，这里仍将对解释的目标单独进行处理——但同时也请注意，您不应当孤立地使用本章中的知识，而是应当在诸解释准据中加以使用。

注意：解释的目标是，认识法律的意义。

对此，原则上存在两种可能性：

- 我们从法律起草者，从立法者（从立法者的意志或用语）出发。
- 我们从立法者的意志和法律文本之外的目标出发。

在对这两种可能性做出二选一的决定之前，我们必须首先知道，究竟为什么解释一项法律。

对于公民来说，法律的解释之所以重要，是因为他受到法律的约束。该约束尽管并未以这种形式明确地存在于任何地方，但是每一个法秩序都建立在公民应当遵守国家法律的前提之上。法律约束力的合法性基础为立法者的合法性以及现存国家权力的合法性。换言之，《德国基本法》第20条第2款规定，所有国家权力源自人民并且通过特别的机关行使立法权与司法权，从中便可得出民主选举的立法者的合法性。由于所涉及的是遵守该立法者制定的法律，所以关键在于该立法者对法律文本赋予了何种意义，这原本是不言自明的。

对于法院，适用《德国基本法》第97条第1款的规定。法官受法律的约束。这不意味着法官受一项其自己想象出来的法律的约束，而是受立法者所理解的意义上的法律的约束。

这也适用于依据《德国基本法》第20条第3款受法律和法（Gesetz und Recht）约束的行政机关。

由于让每一位公民依据其外行式理解所认为正确的那样解释一项法律的主张不可能正确，可以说法院才是被委任来对法律进行有约束力的解释的，所以适用：国家与公民受由法院所解释的法律的约束。

当然，这并未排除法学上的讨论。作为年轻的法律人，您也可以对解释一项法律拥有自己的意见。然而，有约束力并且可以借由国家权力得到执行的仅仅是由法院解释的法律。

总之，解释原本的目标始终是：找出议会赋予法律文本的法律意义（法院必须将这种意义作为基础并且该意义以这种方式对所有人具有约束力）。就这一点而言，人们称其为"主观的解释方法"。

然而，若我们接受该原则，则将出现几个后续问题：

- 谁是立法者？
- 我们如何认识立法者的意志？
- 当立法者的意志与法律中的用语不一致时，怎么办？
- 所指的是哪一个立法者，颁布法律的立法者还是今天的立法者？
- 当一项法律已经很古老时，怎么办？

这些问题可以概括为以"立法者的意志"为主题的问题以及以"法律的老化"为主题的问题。

一、立法者意志的认识

1. 谁是立法者

参考文献：*Larenz/Canaris* Methodenlehre Kap. 4, 2c, S. 149ff.

您可以从《德国基本法》中获知谁是形式意义上的立法者。《德国基本法》规定了，到底是由联邦立法者还是州立法者对一个事项负责以及立法程序是怎样进行的。

与之相反，在方法论中，人们在很大程度上考虑的是"实质的立法者"，即考虑所有参与了一部法律之形成的人员与机构。对于一项联邦法律，这通常意味着：

- 在一个联邦部门中形成一份部门草案；
- 提交一份政府草案；
- 联邦参议院对政府草案发表意见；
- 联邦政府的答复；
- 在联邦议会全体大会中的商讨；
- 在联邦议会负有职责的委员会中的商讨；
- 联邦议会通过法律；
- 联邦参议院对法律进行表决。

2. 立法者意志的认识

参考文献：*Bydlinski* Methodenlehre 430 ff.；*Engisch* Einführung 144f., 171ff., 123ff.; *Larenz/Canaris* Methodenlehre Kap. 4, 2c, S. 149ff.; *Zippelius* Methodenlehre § 4 II c, S. 19.

由于立法者是一个集体（联邦议会、联邦参议院），所以立法不可能取决于具体议员的观念。但很多时候，存在着一些有关起草法律文本之人（通常为一个联邦部门）或议会中的意见领袖如何理解法律的立法资料。若存在这类立法资料，则也可以从中认识到立法者的一项特定观念。

这类立法资料例如：
- 联邦议会的印刷品；
- 联邦参议院的印刷品；
- 联邦议会的速记报告；
- 联邦参议院的速记报告。

针对主观理论常提出的异议，即我们今天不能确定立法者的意志，不具有说服力。对这种异议可以这样回答，为什么当我们能够确定立法者意志的时候，它也不应当具有意义呢？

3. 立法者意志与法律文本之间的背离

有时候，立法者并未在法律文本中对其所希望的东西作出相应的表述。如果其表述需要解释，我们可以在立法者的意义上对其予以解释。对于主观主义者而言，这不仅仅是一种可能性，而且是一项义务。如果立法者的意志可以毫无异议地得到确认，并且这种意志符合文本的一种意义选项，则该意义选项对解释具有约束力。

但如果所解释的文本（在考虑所有解释准据的情况下）明确规定的是 x，而立法者的意志清楚地指向 y，则有疑问的是，解释者受哪一者的约束。

由于法律文本应当为所有的法律适用提供一项可靠的基础，所以在这种情况下，文本必须具有优先地位。这与（原本意义上的）客观解释并无关系。

二、法律的老化

参考文献：*Engisch* Einführung 162ff.; *Larenz/Canaris* Methodenlehre Kap. 4, 1b, S. 138ff., Kap. 4, 3b, S. 170ff.; *Zippelius* Methodenlehre § 4 III, S. 19ff.

若一部法律的通过与适用处于同一（立法）周期，则当前立法者与法律之间的合法性关联清晰可见。然而，今天适用的绝大部分法律源于更早的立法周期，其中的部分源自其他的政府和政体。但只要今天的立法者认为并不存在废除或修改这些法律的理由，则其继续有效。

1. 主观理论

参考文献：*Rüthers/Fischer/Birk* Rechtstheorie Rn. 778ff.; *Wank* Grenzen 59ff.

至少今天已鲜有人还支持，认为解释者始终受历史上的立法者之观念的约束（产生时的主观理论）的主观理论。只要法律的通过时间为很早以前，就必须对其加以更新，要么由假设的现今立法者完成，要么由真实的现今立法者完成（适用时的主观理论）。

存在争议的是，现今立法者是历史上投射至今天的立法者，抑或为真实的现今立法者。依据一种观点，当面临《德国民法典》中一个不清楚的条款时，人们必须追问的是，1896年的帝国国会议员在通过该法律时是怎么想的。更为正确的可以说是，尽管应该首先查明历史上的立法者的意志（参见后文关于"产生历史"这种解释准据）并且将法律中体现的评价向当前予以更新，但是除此之外也应该遵循现今立法者的评价。

2. 客观理论

参考文献：*Bydlinski* Methodenlehre 434ff.；*Engisch* Einführung 161ff.；*Larenz/Canaris* Methodenlehre Kap. 4，1b，S. 137ff.；批判性的 *Rüthers/Fischer/Birk* Rechtstheorie Rn. 806ff.

依据另一种（在判例与文献中占支配地位的）理论，解释目标并非查明立法者的意志，而是查明（言简意赅的表达为）"法律的意志"。此种表述当然并不能显现出任何意义。其他的表述为，解释的目标是"规范性的法律意旨（Gesetzessinn）"。不论人们如何变换关于解释目标的表述，解释目标都一样：解释的目标就是一项法律的意义，这项意义并不必定符合（不论是历史上的还是现今的）立法者将其与法律文本相连接的那个意义。

33 　　客观理论的主要论据为，法律会老化并且因此不可能持续地以其原本的意义继续有效。对此并不存在争议。然而，对客观理论的援用也以此为前提，即一项特定法律已经被证明存在这样的老化过程。在很多时候，客观理论的支持者根本未尝试对此加以证明。

3. 暗示理论

　　折中理论试图克服主观理论与客观理论之间的对立。例如，依据暗示理论（Andeutungstheorie），只要在法律文本中找到了立法者意志的表达时，便应当对其加以考虑。在这种形式中，语义被暗示理论赋予了过大的权重。若我们将该理论扩展为，借助所有的解释准据能够找到立法者意志的依据时便应考虑之，就避免了这种错误的权衡。这种形式的暗示理论可予同意。立法者的单纯意志对解释者并无约束力，对其有约束力的仅仅是与其他解释结论协调的意志。

4. 法事实[1]与法律上评价的变迁

　　法律是为了塑造特定的生活事实而创制的。这种生活事实可能发生变迁，解释时不能对此视而不见。如果我们希望诉诸于此来偏离对一项法律迄今为止的解释，则我们必须阐

---

〔1〕 Rechtstatsache，有译为法律事实，法事实或法的事实。本文取法事实之译法。

明，这种变化建立在什么基础之上：是建立在一项法事实的变迁之上，还是建立在法律评价的变迁之上。

(a) **法事实的变迁**

如果法律通过时对特定版本的法律具有决定性的事实发生变化，则解释时必须对此予以考虑。

假定《德国刑法典》区分了"一般盗窃"与"加重盗窃"。加重盗窃被定义为"从可调换驾车牲口的大车中实施的盗窃"。1871年的立法者当时考虑的是诸如带有帆布篷的马车等。若某人从一辆汽车的后备箱中盗取了一个包，那么该如何处理呢？

事实已经发生了变迁。1871年时还没有汽车（1885年才由C. F Benz所发明）。但是，适用于对从马车中盗窃的评价，也适用于从汽车后备箱中盗窃：任何在盗窃时耗费了更大犯罪能量之人，应当得到更重的刑罚。

主观理论的代表将追问，是否可以将当时的立法者的评价适用于已变迁的事实。而客观理论的代表将——在不追溯至历史上的立法者的情况下——仅仅从法律文本出发并追问，法律文本是否也涵盖了当下的案件情形。

(b) **法律上评价的变迁**

每一个法条都是整体法秩序的一部分。而法秩序则体现着特定的评价。具体的条款可能源自他种评价占支配地位的时代。此时必须使其和当前的评价相协调。

一个条款的同一用语可能导向不同的解释结论，在适用一般条款时尤其如此。一般条款还应当被用于因应已变迁的观念。

实例：

（a）1952年，出租人Vollmer将一所房屋出租给了未婚情侣Manfred和Frauke。当他要求租金时，两人均拒绝支付。依据当时的法律观念，这项出租违反了善良风俗，因此，该项租赁合同依据《德国民法典》第138条第1款的规定是无效的。

（b）同一案件，但发生在2015年。依据今天的观点，《德国民法典》第138条第1款不可适用。这种观点得到了其间制定的《性工作者法》的支持。

一方面，关于早前的法律状况参见Palandt/*Danckelmann*, BGB, 10. Aufl. 1952, BGB §138 Anm. 5 b) ee）；AG Emden NJW 1975, 1363；另一方面，关于当前的法律状况参见Palandt/*Ellenberger*, BGB, 74. Aufl. 2015, BGB §138 Rn. 51。

如上所述，依据适用时的主观理论也应当考虑法事实的变迁与规范环境的变迁。但是为了满足法律约束的要求，必须分别就具体的法律证明该项变迁。

三、本书立场

1. "新的法律"

如果一项法律生效不久，则依据主观理论，应当如立法者所理解的那样对其进行解释。而依据客观理论，即使在这种情形中，解释者也不受立法者意志的约束。但其就此提出的论据并不能使人信服。

如果主张不存在立法者的意志，则这种主张是不正确的；因为这种主张意味着，支持该法律的议员是没有意志的生物。

如果有人主张立法者的意志不能得到确认，则这种主张涉及的仅仅是，对于相关法律并不存在立法资料或者立法者的意志在立法资料中也不清楚的情形。但在很多时候，此时也仍然可以对立法者的意志加以推敲。对于一项争议问题，若确实不能确认立法者的意志，主观主义者当然也不能要求立法者的意志具有约束力。

如果所提出的主张为具有约束力的并非立法者的意志，而是法律的文本，则该项论证是不恰当的。如果立法者的意志与法律文本一致，则受文本的约束即意味着符合立法者的意志。如果根据某种特定的解释，立法者的意志与法律文本不一致，但对法律文本的另一种解释却符合立法者的意志，则不知道为何不应当以该种符合立法者意志的解释为基础。只有当文本与意志不一致并且不存在符合立法者意志的解释的可能时，规范文本才具有优先性。

如果有人提出，法律一经通过，立法者便失去了对法律的支配，则其原则上主张法律的约束力不存在。每一名解释者均可自行决定，法律的内容是什么。因为客观理论不能说明，如果不是受立法者的意志约束，那么究竟是受什么约束。对公民和行政机关而言，这违反了《德国基本法》第20条规定的法治国原则，对法官而言，这违反了《德国基本法》第97条的规定。此外，这不是客观的法律解释，而是最主观的、仅仅按照各解释者自己观念进行的法律解释。

由于以常见形式出现的客观解释的论据不具有说服力，所以对新的法律仅仅适用主观理论。

在这一点上，联邦宪法法院不无正确地指出：

尤其是对于从时间上说为新的且内容新颖的规定，只要规范的语义和意义关联留有疑问（作者注：当然并非仅仅在存在这类疑问时），借助立法程序得以显明的立法者的规整意图在解释时具有重要的分量。在这类情形中，解释不能置可辨识的规整意图于不顾。然而，这仅仅适用于在该规整中以可辨识的方式表现出来并且有意识形成的基本决定、价值设定与规整目的；立法机关的委员会或其具体成员对一项具体规定、一项规范的组成部分或一个概念的详细意义与射程以及对其适用和影响所表达的具体观念，即使在个案中可能对意旨的查明具有澄清作用，但对法院不构成具有约束力的引导。这些观念自身并不是法律的内容。（BVerfGE 54, 53 [54] = NJW 1980, 2797）在一个较新的裁判中（BVerfGE, NJW 2011, 836），联邦宪法法院对主观理论表示了一般性的赞成。

2. "老的法律"

若法事实或规范环境发生了变化或者二者均发生了变化，则无论依据（适用时的主观理论形式的）主观理论还是客观理论，均应当对此加以考虑。因此，争议在很大范围内可以存而不论。如若所涉及的应当是解释而非恣意，则发生改变的解释必须通过指出发生改变的事实或规范与价值来得到证立。

四、第三章小结：对法律解释的结论

参考文献：*Engisch* Einführung 174ff.

在解释时，主观理论与（占支配地位的）客观理论的代表们都援引同样的解释准据。然而，主观主义者和客观主义者对这些解释准据的评价却不尽相同。因此，对回答一项争议问题而言，就主观理论或客观理论一般性的表态是多余的。重要的仅仅是，解释者事先知道作为其基础的是哪一种观点。在后面的具体解释准据中，他必须遵照这种观点。所以，在接下来具体的解释准据中，我们将再一次讨论主观解释或客观解释的问题。

但是在结束解释目标进入解释准据之前，我们有必要一探判例与文献在解释中所扮演的角色。

第四章

法官法与法学

参考文献：*Bydlinski* Methodenlehre 501ff.；*Larenz/Canaris* Methodenlehre Kap. 1, 5, S. 55ff., Kap. 4, 4b, S. 176ff., Kap. 5, S. 252ff.；*Rüthers/Fischer/Birk* Rechtstheorie Rn. 235ff., 259ff.；*Vogel* Methodik 106ff.

一、纳入解释之中

在法学方法论中阐述法律解释时，只要相关要素并非位于补充规范之中，人们绝大多数时候就像解释者一样必须每次都重新创制包含其所有要素与子要素的法律。事实上，我们必须区分两种案件情形，即已经解释的与尚未解释的法律或法律的要素。

对于很多解释问题，遵循法律的语义就足够了，无须其他的解释技艺。

在初始的两个实例中，一如 O 的提包对 T 而言是一件"他人"之"物"一样，K 是一个"他人"并且衬衫为其

"所有物"均是毫无疑问的。

在其他案件中,尽管查阅法律并无助益,但却可以查阅评注或教科书。由于长期的解释传统的存在,某些要素一般在一种特定意义上被加以解释。此时,这种通行的解释就如法律一样具有约束力。

实例:在牛仔裤案中(见上文第二章第四点),V在商店将牛仔裤以 100 欧元的价格向 M 提出了要约。M 表示:"麻烦您对其予以保留。我再考虑一下,明天写信给您答复。"M 接受该要约的信件:

(a) 在其投入的街角的信箱中被盗走了。

(b) 在驶向 V 的邮政车上被盗走了。

(c) 在 V 的家庭信箱中被盗走了。

如果 M 仅仅在安静的小房间中作出承诺表示几乎没有意义,所以承诺"应当向他人作出",亦即向 V 作出,只有当承诺"到达"V 时,它才生效(《德国民法典》第 130 条第 1 款第 1 句)。该条中的"到达"这一表述的意义是什么?(整体内容也参见第五章第七点)。在(a)至(c)情形中,信件到达 V 了吗?您可以查阅词典,"到达"的意义是什么;您可以询问 100 名法律人或 100 名外行人,人们一般是如何理解"到达"的;您自己也可能对该问题有很多想法——而关键都不在于这些。对于法律人,《德国民法典》第 130 条中的"到达"这一用语有一项确定的意义,并且这种意义对于案例的解答具有约束力。其内容为（表述上有细微的差别，但事实上判例与所有作者的意见均一致）：

当一项表示如此地进入接收人的支配领域，即在通常情况下接收人可以知道其内容时，表示便到达了。

属于接收人支配领域的尤其包括他的信箱。适用于本案可得知：在（a）与（b）情形中，信件尚未达到 V，因为它还尚未进入 V 的支配领域。在（c）情形中，信件已经到达了 V，因为它进入了 V 的信箱中。信件在信箱中被盗的风险，必须由接收人承担，寄送人已经做完在其风险领域中的所有事项。因此，尽管 V 从未看见该信件，但信件仍然在《德国民法典》第 130 条第 1 款意义上到达了 V。随着承诺表示的到达，V 与 M 之间的买卖合同就成立了。

在法学教育和实践（例如律师咨询）中，意义已经得到说明的要素，将不再被问题化。

在特殊情形中，这类要素也存在问题：

- 如果当信使将信件投入信箱时 V 去度假了，怎么办？
- 如果 M 知道此情形，又怎样？

换言之，只有在处理这种特殊情形时，您才需要将"到达"加以问题化。

在其他情形中，尽管对于一项要素同样已经存在一项解释；但是与到达的例子不同的是，一些作者认为某一种意义是正确的，而另一些作者则倾向于另一种意义。此时应当适用什么呢？

后续步骤依据所涉及的是法律人教育（juristische Ausbildung）中的案件还是实践中的案件而有所不同。

在法律人教育中，不会以一种唯一正确的意见为基础，您尤其应当学习论证。所以您可以持一种或另一种（或第三种）意见，只要该意见"合理"（vertretbar）（"合理"这一专业表达指的是：在严肃的法律人中值得讨论）。您必须阐述不同的解释可能性并且借助论据选中其中的一种解释。此时，您可能遇到迄今为止在判例与文献中均未提及的论据，但是这种可能性并不太大。

对于处理诸种解释准据（就此详见后文第五至第九章）而言，这意味着：您并非着手自己想出一项表述可能的意义，而是尝试着找出，迄今为止的判例和文献中对其提出了哪些意义。对于法律的体系、产生历史与条文的意旨与目的，同样如此。您应当从迄今为止所发表的意见出发，并且为每一种解释准据选中一项特定的结论。

在解答教学案例时，对您而言，判例仅仅是多种意见中的一种。反之，当您在实践中处理一个法律案件并考虑诸如是否应当提出起诉时，您无论如何都不应当遵照文献中的某种意见，而是以判例的意见为导向。换言之，您通常可以认为，法院在解决案件时将以判例（更确切地说是具有相应管辖权的那个最高法院的判例）通常对此所持的意见为基础。

因此，在解决民法上的案件时，地区法院法官将以联邦

39 最高法院在民事案件中的意见为基础；在解决刑事案件时，将以联邦最高法院在刑事案件中的意见为基础。联邦宪法法院在审查雪糕销售者的宪法诉愿时，将以联邦宪法法院迄今为止的判例为基础。

即便对一项法律或一项要素已经存在判例与文献，也依然存在着足够多的迄今为止尚未被裁判与讨论的疑难案件。

最后，通常会出现如下情况，即事实上对于一项法律或一项要素或至少是对于您所处理的案件还不存在任何判例与文献，在这种情况下您必须依据后面将阐述的解释准据自行解释。

二、对主客观解释之争的意义

参考文献：*Bydlinski* Methodenlehre 577ff.

主观解释与客观解释的争论通常是针对一种在现实中极少存在的情况而进行的：一项法律是几十年前生效的，法事实发生了重大的变化，加入了大量新的法律，但对于该项法律却不存在任何解释。换言之，现今的解释者仅仅知道当时的立法者意志与今天已经发生了变迁的事实关系和法律关系。

但绝大多数时候情况并非如此，规范在不断地被解释着。一本评注的每一个新的版本都将纳入其间所获得的新认知。1938年与2015年的《帕兰特》（*Palandt*）评注并非完全一样，而是一项"渐进的解释变迁"。有鉴于此，主观理论与客观理论之间的意见争论的实践意义明显比初看起来小得多。

三、第四章小结

- 如果需要解决一个实践中的案件，您最好遵照负责的法院的解释。
- 如果需要解决一个学习中的案件，则您有两种可能性：

——对于争议问题已经存在判例与文献。——您应当借助四种解释准据（见后文）并将每一种准据建立在判例与文献的基础上来解释相关法律。

——对于争议问题还不存在判例与文献。——您应当借助四种解释准据自行解释相关法律。

第五章

语 义

参考文献：*Bydlinski* Methodenlehre 435, 437ff.; *Engisch* Einführung 131ff., 137ff.; *Larenz/Canaris* Methodenlehre Kap. 4, 2a, S. 141ff.; *Rüthers/Fischer/Birk* Rechtstheorie Rn. 731ff.; *Vogel* Methodik 114ff.; *Zippelius* Methodenlehre §§4 I, 9, 10, S. 15f.; 37ff., 39ff.; 关于刑法的文献：*Baumann/Weber/Mitsch*, Strafrecht AT, 11. Aufl. 2003, §9 Rn. 82ff.

法学方法论公认，主要存在四种解释准据。各个学者对其称谓各不相同，对各种具体解释准据的理解也并非完全一样。尽管如此，我们主要可以诉诸下面的四种解释准据：

- 语义；
- 体系；
- 产生历史；
- 意旨与目的。

重要的是要认识到，这些解释准据仅仅是达成解释目标的辅助手段。这意味着，借助这四种解释准据，应能够认识立法者当时所希望的是什么，或者鉴于法事实、法规范或价值的变迁，今天应当对法律文本做何理解。

所有的方法论者均一致认为，法律解释应当始于语义。但接下来的疑问是，所指的是哪种语义。在此，尤其应当说明下列问题：
- 日常语言中的语义抑或法学中的语义；
- 事实上的语义抑或可能的语义；
- 一般的法学语义抑或特殊的法学语义；
- 解释者的意义理解抑或既定的语义；
- 产生时的语义抑或适用时的语义。

术语提示：当然，关键并不在于语"音"，即不在于发音，而在于用语所具有的意义。因此，很多时候也使用词义（Wortsinn）或意义（Bedeutung）代替语义。在下文中，这些表述将作为同义词被使用。

一、日常语言中的语义抑或法学—目的性的语义

1. 日常语言对解释的意义

参考文献：*Bydlinski* Methodenlehre 437ff.；*Engisch* Einführung 139f.；*Larenz/Canaris* Methodenlehre Kap. 4, 2a, S. 141ff.；*Rüthers/Fischer/Birk* Rechtstheorie Rn. 164ff.；*Wank* Begriffsbildung 17ff.

若法条中使用的所有语词均具有一项明确的意义，便不会存在解释问题。但这类语词极少，特别是数量词。如果

一部法律规定，一项为期三周的期限必须得到遵守（比较《解雇保护法》第4条），则此时实际上所指的是确切的三个星期，而非大约三个星期。

但这时候也会出现问题。三个星期的期限自何时起算？答案为自解约表示到达时起算。即使雇员休假了，解约信也于投入其信箱之时到达吗？该期限何时结束？正如从法律中可以得知，该期限随着提出起诉而结束。此时给法院打个电话就够了吗？——您看，即使在三个星期，人们也并非总是知道，所指的是哪种时间。

对于绝大多数的语词，解释更为困难；它们是"多义的"。对于"树林""动物"或"违反善良风俗"，不同的人有不同的理解。

三棵、十棵还是一百棵树以上就是一片树林？细菌和病毒是动物吗？出售一家诊所或购买一枚外国勋章违反善良风俗吗？

对于日常语言而言，关键不在于精确性。某人讲述，他是在"一片树丛"还是在"一片树林"中看见了一只狍子，对于讲述不具有重要性。如若药物对病原体有效，则对于病人而言，该病原体是否为小动物是无足轻重的。人们对购买勋章持什么态度，是一个评价问题而非查阅词典的问题。

而对每一个语词，立法者可以精确规定，其所指为何，例如（以下实例是虚构的）：

- 《北威州森林法》第 1 条:"树林是十棵以上连续的树形成的丛。"
- "病毒不是《德国民法典》第 833 条意义上的动物。"
- "违反善良风俗的法律行为无效。出售诊所并不违反善良风俗。"

此时尽管也还是存在问题(什么是树,什么是灌木),但大量的疑难案件得到了澄清。

一些立法者创制了大量的诸如此类的详细规定。1794 年,为了尽可能摒除法院的解释,《普鲁士国家一般邦法》的立法者就对此作出了尝试,今天英国立法者仍旧进行着这种尝试。

在法律未巨细靡遗地作出规定的地方,典型的如德国法,法院通过与法学的合作,承担着更加精确地说明语词意义的任务。这意味着:从一项表达在日常语言中的大量意义收缩至一项公认的意义或者几项在法律人中还"处于竞争中"(意指被视为合理的解释)的意义。

所以,对于一项法律的解释,关键在于我们可以诉诸一项表达可能被想到的意义中的哪些意义:日常语言中的抑或法学中的,即专业语言中的意义。

当一名法学门外汉阅读一份法学的法律文本(juristischer Gesetzestext)时,很多时候他会认为,这份文本含有的是德语的词汇;我会德语;所以我知道文本的内容是什么。

如果他面对的是一份含有拉丁文专业术语的医学文本，则他将马上发现，所涉及的是一份专业语言的文本，这需要特殊的专业知识。如果是一份借助诸如"互动""社会化"等用语进行工作的社会学文本，则他同样也会发现，作为外行人的他不能参与讨论。但由于法律使用的是德国日常语言中的词汇，所以外行人（以及可惜很多法律人也和外行人持同样的见解；参见下面第 2 点关于语义边界的论述）认为，这些词汇——尽管是在作为专业语言文本的法律中被使用——仍然是日常语言的词汇。这是一个错误。法律文本是专业语言的文本。因此，对于法律中的每一项表达，我们都必须"在法学的意义上"加以阅读。

注意：决定性的并非日常语言中的意义，而是法学专业语言中的（juristisch-fachsprachlich）意义。

实例：为了封锁营房，修辞学教授 R 将其汽车停放在营房门口。基于《德国刑法典》第 240 条规定的强制罪，R 遭到了起诉。在主审程序中 R 阐述到，停车并不是"暴力"。他熟知德语，所以知道暴力意味着什么。为进行证明，R 引用了几本德语词典中的表述。

R 被判有罪是正确的。在《德国刑法典》第 240 条中，"暴力"这一用语并非日常语言中的用语，而是一个法学术语。事实上，将封锁街道视为暴力也是有道理的（比较 BVerfGE 104, 92 [101ff.]）。

在考察"语义"这一解释准据时,应当依照如下的顺序为之:

- 如果该法律存在语言惯用法,则应当依据这种语言惯用法。
- 在其他情况下,应当求助于法学中的一般语言惯用法。
- 只有当该用语也不存在语言惯用法时,才应当援引其在日常语言中的意义。

2. 日常语言对界分解释与法律续造的意义

参考文献:*Bydlinski* Methodenlehre 441;*Engisch* Einführung 102ff.;*Larenz/Canaris* Methodenlehre Kap. 4,2a,S. 143ff.;*Wank* ZGR 1988,314(316ff.);*Zippelius* Methodenlehre §9 II,S. 38f.

上面的论述为所有的方法论者所公认。但相同的作者却在其他著作中收回了这种清楚的论述,而未对矛盾加以处理。换言之,他们区分了正确的语义(通常为一项法学的语义)和"日常语言中可能的语义"。其背后隐藏着这样的想法:一个用语在日常语言中可能具有多种意义,我们假设它具有a、b、c、d、e五种意义。五种意义——依据这种观点——都是法律文本可能的意义选项。但是,在日常语言大量的解释可能中,只有一种对法律解释而言是正确的,即用语在法学中的意义(我们假设:d选项)。

但如果法学中的意义选项（我们称其为 f）并未在日常语言中出现，那么该怎么办呢？依据通说，日常语言中可能的语义构成了解释的边界，因此法学上的意义仅仅可能是 a、b、c、d 或 e 这一范围内的一种。反之，依据这种观点，即使法律的目的明确赞成解释选项 f 时，也不可能在 f 的意义上解释该法律；因为在日常语言中，f 并非解释选项之一。

因此，在"法律的语义"之下同时存在两种理解：一方面是法学—目的性（juristisch-teleologisch）的语义（仅仅存在一种意义），另一方面是日常语言中的语义（日常语言中的所有意义选项，但也仅仅是日常语言中的诸种意义）。

这种观点（"语义边界理论"）建立在一种错误的观念之上。它假设，法学中的每一项专业用语都必须在日常语言中存在着一种对应。这就好像人们会问：日常语言如何理解"心机能不全？"这个问题提错了。这项用语在日常语言中并不存在，它仅仅是一项医学的专业用语。因此，也并不是说，法学专业语言（die juristischen Fachsprache）中的一项用语必须符合该用语在日常语言中的某项意义（参见 *Wittgenstein*, Philosophische Untersuc-hungen, 1991, Ziff. 7, 19, 23 关于"语言游戏"的论述；*Larenz/Canaris* Methodenlehre Kap. 1, 2., S. 23ff. 在这方面是正确的；整体而言参见 *Wank* Begriffsbildung 12ff., 19ff）。

因此，依据本书的观点，解释的边界并不是从法律的语义，而是从法律的意义（法律意旨理论）中得出的：如果解释者偏离了法律的意旨与目的而借助法律追求新的目的,则不能通过解释,而只有通过法律续造才有可能。

注意! 依据通说,日常语言中可能的语义构成了解释的边界。换言之,依据这种观点,您必须始终考察,法律中一项用语在专业语言中的意义是否被接受为日常语言上的意义。每一门科学均有其尊崇敬拜之对象。语义边界理论便是法学中的一个实例。若采纳本书的观点,您可能在笔试和家庭作业中得不到考官的理解。若按照通说进行,您将更易获得他们的理解:您完全无须考察,对于该项法律,在日常语言中是否存在着解释者所期待的意义,而仅需将超越日常语言中语义的解释称为"扩张解释"或"客观解释"(尽管依据通说,所涉及的乃法律续造)。

当涉及一项用语的一个特定意义选项作为解释是否还可能,并且由此关乎解释和法律续造的边界时,这个问题才是重要的。法律续造被通说描述为对日常语言中可能的语义的超越。因此,该问题恰恰对刑法特别重要。因为在刑法中,不利于行为人的法律续造是不合法的,比较《德国刑法典》第 1 条,"只有在行为实施以前规定了其可罚性时,才能对其处以刑罚"。这被理解为对法律续造的禁止。

实例:酒徒 Z 以大拇指指甲在其啤酒杯垫上划了两道杠。依据《德国刑法典》第 267 条的规定,他应当由于伪造"文书"而被处以刑罚。

在法学专业语言中，啤酒杯垫是"文书"（Urkunde）。[1]从该条的评价来看，对此并没有什么值得异议之处。然而，依据通说，我们还必须考察，对于文书，在日常语言中是否也存在着一种涵盖了啤酒杯垫的意义选项。毫无疑问，情况并非如此。据此，我们不能这样解释《德国刑法典》第267条，使得啤酒杯垫成为该条意义上的文书，因为大街上的男人（或女人）无论如何也不会认为"啤酒杯垫"是"文书"。但是法律人一般会（正确地）求助于文书这一用语在专业语言上的意义。因此，（依据通说具有限制解释功能的）日常语言中可能的语义实际上不具有重要的意义。与其理论上的论述相反，在具体案件中，通说也对法律中的用语进行法学—目的性的解释。

3. 描述性与规范性概念

参考文献：*Bydlinski* Methodenlehre 543ff.；*Engisch* Einführung 194ff.；*Rüthers/Fischer/Birk* Rechtstheorie Rn. 177ff., 180ff.；*Larenz/Canaris* Methodenlehre Kap. 3, S. 271ff. 在很大程度上予以了区分。

法学方法论习惯上对描述性与规范性概念加以区分。由此却造成如下假象，即前一类概念似乎为纯粹的继受，而只

---

[1] 如果旅店老板在啤酒杯垫上手工记下交付给客人的饮料和食物的数量和类型，以便以后可以将这些记录用作结算的依据，那么他将制作了《德国刑法典》第267条第1款规定的实体刑法意义上的文件。

有对于规范性概念才会发生评价。但由于一个法条的所有概念都服务于规范目的的实现，所以描述性概念也需要以法律目的为取向的解释。

例如，"人"和"死亡"两个概念应该是描述性概念，反之，"卑劣的动机"（比较《德国刑法典》第 211 条）则是一个规范性概念。

事实上，法学上即规范上确认从何时起所涉及的是"人"（比较《德国民法典》第 1 条，"伴随着出生的完成"），无须符合医学或生物学上的理解（在医学上，人们也可以将阵痛的开始视为重要的；在生物学上，人们还可以更早接受人的存在，即自染色体结合存在或个别化时，自结合的染色体不能再被分离为多数时）。这也适用于死亡这一要素：在描述上，我们可以依据所有生命机能的终结；在法学—规范性上，重要的是大脑机能的终结。

通过纳入一部法律，每一个"描述性概念"都将必然成为一个规范性的概念。

二、狭义解释与扩大解释

参考文献：*Engisch* Einführung 179 ff.；*Larenz/Canaris* Methodenlehre Kap. 4, 4a, S. 174ff., Kap. 5, 2d, S. 216ff.

如若一项要素在解释的框架中出现了数项可能的意义，则我们可以依据对意义选项的选择将其称为狭义解释或扩大解释。

"狭义解释"可能意味着：

- 若一项解释最忠实地符合了立法者的意志，则其为狭义解释（*Engisch*）。
- 若解释建立在一个用语的狭小的意义上，则其为狭义解释。
- 若一个条款的适用范围狭小，则存在一项狭义解释（*Larenz/Canaris*）。

值得赞同的是"狭义"的第二种含义。换言之（用语言学的术语说），我们应当以概念的内涵为基础。

对于什么时候应当采取一项狭义的解释，什么时候应当采取一项扩大的解释，并不存在一条一般的规则。尤其是"例外条款应当狭义解释且其不具备类推能力"这一原理，只有作为一条粗略的指导方针时才正确。正如在其他情形中一样，这里也必须借助所有解释准据查明，是否以及何时需要进行一项"普通的"、狭义的或扩大的解释。

依据通说，只有当解释的意义选项仍然处于可能的语义范围之内时，才能称其为狭义的或扩大的解释。若应当超越这种语义界限并扩大适用的范围，则按照通说，这只能通过类推才可能；若为语义所涵盖的适用情形被排除在法律之外，则需要一项目的性限缩（对此参见后文第十一章）。

在"扩大解释"和"类推"之间，一些作者还承认一种法律建构，即"目的性扩张"。这一中间形式并无必要：若我们以（为本书所拒绝的）通说的语义边界构成解释与法律续造的界分为基础，则一项特定的解释依据法律的意义可能是一项"扩张解释"，即一项平时不常见但尚可接受的语义。反之，如若一项语义在日常语言中不被许可，则依据通说的观点也不再是解释，可以考虑的仅仅是一项类推（依据本书所持的法律意旨理论本来就不存在这个难题）。

三、分类概念与类型概念

参考文献：*Bydlinski* Methodenlehre 543ff.；*Engisch* Einführung 191；*Larenz/Canaris* Methodenlehre Kap. 6, 2, S. 290ff.

法学概念通常是"分类概念"。法学定义由一系列的子概念组合而成，这些子概念的数量是终局性的。当具体的案件事实中出现了所有子概念，则一项法定构成要件就得到了满足。对于每一个子概念，可能存在下一（以及后续）层级的其他子概念，以至于最后产生了一座概念金字塔。

由一些方法论者发展出来的"类型概念"在很大程度上是不必要的。无论如何，当这一概念掩盖了必要的目的性关联时，就会产生误导。若要适用一个类型概念，则必须满足下面的要求：必须将一个目的性的指导思想前置，并且必须对诸项子要素加以权衡。

作为实例，拉伦茨（Larenz）提到了动物饲养人、履行辅助人以及管理人员（S. 294）。然而，这些概念中的任何一个都没有显现出任何足以证立放弃一项清晰的法学定义的特殊之处（批评性意见也参见 *Rüthers/Fischer/Birk* Rechtstheorie Rn. 930ff.；*Wank* Begriffsbildung 123ff.）。

四、概念形成的相对性

参考文献：*Bydlinski* Methodenlehre 438ff.；*Larenz/Canaris* Methodenlehre Kap. 4, 2a, S. 141ff.；*Wank* Begriffsbildung 110ff.

在一个法秩序中，同一用语经常出现在极为不同的地方，出现在不同的法律以及同一部法律的不同地方。该用语的意义也始终一样吗？

由于法律中用语的目的在于表达一种特定的行为安排，并且每一项用语均与这种行为安排的目的有关，所以，在理论上，每一项用语的意义都与其在不同的行为安排中使用的意义一样多。

注意："法概念的相对性"＝同一法律用语在不同的法律中可能具有不同的意义。

实例：我们假设，晚会客人 S 在手舞足蹈时烟头烫伤了一名女同学。所问的是，S 是否必须对女同学进行损害赔偿（《德国民法典》第 823 条第 1 款），或是由于过失伤害而被处以刑罚（《德国刑法典》第 229 条）。

对于这两项规范而言，关键均在于"过失"这一要素。

对于民法，《德国民法典》第 276 条中对此存在一项立法定义，而对于刑法却不存在一项相应的立法定义。但即便存在《德国民法典》第 276 条，就关键在于人们应当如何行为还是在于可以特别针对 S 要求什么，仍然存有疑问。

我们假设，夜已深了并且 S 喝醉了。

在民法中，所适用的是一项客观的过失概念。若 S 违反了一名晚会宾客可以被要求的注意义务，则其行为具有过失，关键并不在于其主观情状。反之，由于刑法追求的是另外的目的，所以它适用的是一项主观的过失概念。在刑法中，我们应当考虑具体可以向 S 要求什么。

然而，至少在同一部法律中，立法者致力于在相同的意义上使用一项用语。但我们也不能始终认为必然如此。例如，《德国民法典》第 90 条中的"物"这一用语就与同法 119 条第 2 款中的意义有所不同。

（关于刑法中概念形成的相对性参见 BGHSt 10，194［196］= NJW 1957，880 关于"公共的"这一用语的相对性以及 BGHSt 11，119［121］= NJW 1958，391 关于"行为时间"这一用语的相对性）

五、解释者的意义理解或公认的语义

对于法律中的很多用语，在判例和文献中均已经存在一项公认的意义。在这种情况下，应当首先指明该项意义。

接着，我们可以对其予以赞成或进行批判性讨论（参见前文第四章）。

如果判例与文献对一项用语的意义存在争议，则解释时我们应当阐述不同的观点，并接着对其中一项意义作出赞成性决定。在法律人教育中，这项意义可以是有人持有的意见，只要其"合理"；对于实践而言，该项意义将是判例所遵循的意义。

若对于某一项法律用语，迄今为止还不存在一项评注，或者解释者希望批判性地考察现存的诸种解释，则他必须自己查明该用语的意义。一如前述，日常语言对此仅仅适合于在有限的范围内作为辅助手段。在这一点上，查阅德语词典也助益甚少。起决定性作用的始终是目的解释。这意味着，以符合法律目的的方式理解法律中的一项用语。因此，在数项可能的意义中，应当选择最符合法律目的的意义。但是，由于从体系和产生历史中获得的认知也被援引来查明语义，其他三种解释准据对于语义的查明也都有影响。认为解释的目标在于查明单纯的语义是有失偏颇的；解释目标可以说是查明立法者的意志（或者查明规范在今天的规范性意义），对此语义将提供帮助。因此，为了不至于在语义解释时就必须进行所有的解释，本书推荐下面的方式：首先仅仅暂时查明，语词的可能意义是什么？在对四种解释准据予以说明前，不对最终立场作出决定（具体参见后文第十一点）。

六、产生时或适用时的语义，主观的或客观的语义

参考文献：*Bydlinski* Methodenlehre 435, 450f.; *Engisch* Einführung 157ff.; *Larenz/Canaris* Methodenlehre Kap. 4, 2a, S. 144f.; *Rüthers/Fischer/Birk* Rechtstheorie Rn. 171ff., 741f.; *Zippelius* Methodenlehre § 4 III, S. 19ff.

您回忆一下，我们在上文中论述了主观解释与客观解释之间的争论。在具体的解释准据中，我们希望再次对其加以讨论。现在要做的是在语义解释问题上再度讨论主观解释与客观解释之争。语义指的是何种语义：

- 立法者所想到的还是解释者所想到的语义？
- 法律生效时适用的还是今天适用的语义？

若您遵从主观理论，则应予考虑的并非是任意一种语义，而仅仅是立法者赋予该用语的那些语义。原则上应当以法律生效时的语义作为出发点。但如果其间该用语的意义发生了改变，并且可以借助其他法律加以证明，则应当将用语现今的意义作为基础。

然而，对于有意识地提到价值的诸条款则有所不同。在这种情况下将参考各自的观念。换言之，规范的内容将随着价值的变迁而发生变化。

例如，当《德国民法典》第 138 条第 1 款提到"善良风俗"时，这在 1900 年《德国民法典》生效时意味着："向

一对未婚的情侣出租住房违反善良风俗;因此租赁合同无效。"但由于观念的变迁,这不再适用于今天。

若您遵从客观理论,则您可以更自由地决定,一项用语被赋予了何种意义。此外,依据客观理论,用语现今的意义具有决定性。

在很多情况下,主观理论和客观理论之间的争议之所以得到缓和,是因为一项用语的意义并没有发生剧烈的变迁,而是在判例和文献中随着时间的推移而逐渐变化。

实例:例如,《德国刑法典》第 240 条中"暴力"这一用语的意义,随着时间慢慢从"有形的力的展开"变为"强迫性的心理作用"。然而,自《联邦宪法法院裁判集》第 92 卷第 1 页及以后几页的裁判开始,判例又偏离了这种精神化的暴力概念,而再一次要求一种"以有形方式传达的强迫"。

七、案件比较

参考文献:*Bydlinski* Methodenlehre 548ff.;*Larenz/Canaris* Methodenlehre Kap. 6, 2d, S. 298ff.;*Vogel* Methodik 145ff.

如您所见:对一个法律文本的解释而言,决定性的并非任意一种语义,而是法学专业语言上的语义。换言之,在几项可能的语义中的选择由立法者的意志和法律的目的所引导。

法学上的语义和法律目的之间的这种意义关联使得您有可能进行案件比较这种深有裨益的决策程序。在选择法律的语词时,立法者想到的是一种适用规则的特定情形。在阅读法律文本时,您立即就会想到,法律应当考虑到的典型情况是什么。反过来,您也可以想到一项法律肯定不应当涵盖的案件情形。从这两个要点出发,您便可以提出一项可能的适用情形的刻度表。接着您就应当考察,您所裁判的案件是否处于该刻度表中。

实例:我们假设,对于《德国民法典》第 130 条中的"到达"这一用语还不存在任何判例和文献,您必须自己提出一项定义。您将发展出一个大致如下的刻度表:

极端情形:
- 肯定已经到达:收信人已经阅读了信件。
- 肯定还未到达:寄信人还在去投递信件的路上。

存疑情形:
- 信件在邮寄途中被盗。
- 信件在收信人的信箱中被盗。

正如您已经知道的那样(参见上文第四章第一点),对于这些存疑情形,我们将以如下的方式加以解决,即一旦将信件投入收信人的信箱便应当肯定信件已到达。

一个案件比较的标度尺的实例

1.	2.	3.	4.
寄信人前往寄信邮箱途中	信件处于邮寄途中	信件处于收信人信箱中	收信人阅读了承诺表示
（肯定还未到达）	（还未到达）	（已到达）	（肯定已经到达）

让我们在提包案中也这样操作。《德国刑法典》第249条包含了"取走"这一要素。在前述例案中，所有的情况都很简单。T拿着O的提包溜之大吉了，他肯定已经取走了提包。但在下面的案件中又如何呢：

(a) 为转移O的注意力，T撞向了O。

(b) T还在拉扯提包。

(c) T夺得了O的提包，但提包掉在了地上。

(d) T夺得了O的提包并立即将其扔给S，S跑得比T快并且拿着提包逃往他与O共同的住所。

您看，"取走"这一用语还太不精确。刑法学家将其加以分解：

在(a)(b)两种情形中，T还没有破坏O对其提包的持有。在(c)情形中，T尽管破坏了O对其提包的持有，但尚未建立新的持有。在(d)情形中，T看起来好像还没有建立起新的持有，因为他将提包给了 S。但是，在第三人处建立新的持有就已经足够了。在本案中，S 获得了对提包的持有。因此，T 取走了提包。

对于存疑情形中概念的界定，人们通常使用"概念核心"与"概念外围"的比喻，这类似于月亮及其外围光晕。这很容易引起好像概念本身具有一个固定的、在任何脉络中均相同的意义的误解。但是一项用语只有在一种特定的脉络中才具有一项原本的意义。因此，对于一个法律文本而言，什么属于概念核心，什么属于概念外围，并非依据词典，而是依据离法律目的的距离而定。若我们考虑到这一点，则对于上面的比喻并不存在任何疑义。

八、"解释"与"一般条款的具体化"

参考文献：*Engisch* Einführung 213ff.；*Larenz/Canaris* Methodenlehre Kap. 1, 4a, S. 44f.；Kap. 3, 3d, S. 109ff.；*Vogel* Methodik 78f., 143f.

只有当一个法律文本可以被分解为能够继续解释的要素时，才可以依据上面描述的方法进行解释（参见上文第一章第三点）。而对于某些条款，我们不能以这种方式处理法律文本。例如，《德国民法典》第 138 条规定，违反善良风俗的法律行为无效。依据通行的解释方式，我们必须询问，何谓"善良"、何谓"风俗"？但这却无济于事。反之，对于这类一般条款（此外参见《德国民法典》第626条的"重大事由"、《德国民法典》第242条的"诚实信用"、《德国民法典》第826条的"善良风俗"），另一项解释方法才是合适的：具体化。在此，重要的是找出一个条款的指导思想并说明其最为重要的案件类型。

实例：幻想国（F）以向其支付 25 000 欧元为条件任命 A 为荣誉领事。由于 A 未汇款，F 向一家德国法院起诉要求支付。

应当弄清楚的是，这种头衔买卖是否违背善良风俗。对此，首先应当明确《德国民法典》第 138 条第 1 款的指导思想。既非某一宗教共同体的善德也非"到处蔓延的懒惰的"恶习，而是日常的道德对此提供了标准。据此应当考察的是，一般公民是否认为该项行为不得体。

若我们试着对案件类型加以整理，则《德国民法典》第 138 条第 1 款涉及：

- 违反正当的商业活动；
- 违反人性尊严；
- 违反性道德等。

前述案件涉及的是，特定的给付不能以金钱为对价（例如德国联邦议会中的表决行为）。荣誉领事的任命也应当基于特殊的贡献或任务，而非以报酬为之（参见 BGH NJW 1994，187）。

九、行政法的特别之处：裁量与判断空间

参考文献：*Maurer*, Allgemeines Verwaltungsrecht, 18. Aufl. 2011, § 7; *Peine*, Allgemeines Verwaltungsrecht 11. Aufl. 2014, § 4 Rn. 199ff.

1. 裁量

在行政法条款的法律后果部分的措辞中，很多时候可以找到这类表述："若……则行政机关可采取适当的措施。"这意味着，同一构成要件可以连接几项法律后果。例如，行政机关可以命令干扰者实施清除干扰的措施，也可自行清除干扰并向干扰者主张费用（例子：对于在禁止停车处停放的汽车）。

由"可以"一语可知，行政机关被委托作出一项裁量性决定。行政法院只能审查行政行为的合法性，而不能审查行政机关行为是否具有合目的性。只要法律并没有使一项构成要件仅仅连接了一项法律后果，而是赋予行政机关采取几项行为的可能性并且行政机关选择了其中的一种，则其行为合法。在法律中，裁量的授予通过诸如"行政机关能够""行政机关可以""行政机关有权"等表述得到表达。反之，如果满足了构成要件的前提时，出现了"应当发布许可"等表述，那么行政机关不得裁量。毋宁说行政机关有义务发布许可。

2. 不确定的法概念

对于上面提到的"适当的措施"这一表述该如何处理呢?行政机关可以自行决定什么是适当的吗?还是说这个概念需要被解释并且完全处于法院的审查之下?通常,这类表述涉及的是规范性概念,由法院负责对其进行终局性解释。

3. 判断空间

然而,在一些案件中,法院的审查事实上被排除在外,尤其是对考试的打分。在此,人们将其称为考官所享有的"判断空间"。但是,判断空间仅仅与实质的评价有关,而不涉及程序性规则。

实例:

(a) 考官在一份法学笔试答卷的页边写上了"错误"。而考生的答案却符合文献中的一项重要意见。

(b) 考官在答卷的页边对另一个问题写上了"合理"。对于该问题并不存在判例和文献。

在(a)情形中,考官不享有判断空间,他必须将该答案视为"合理的"。在这一点上存在一个可以由法院加以审查的形式性错误。

在(b)情形中,法院不得决定考生的答案正确、错误或合理。在这一点上,所涉及的是一项天然属于考官的评价。

至少依据当前行政法学界的通说,当法律使用了一个不确定的法概念时,并不必然存在判断空间。其前提是,法律授予行政机关进行终局性判断的权力。这通常只能通过解释才能查明。对于特定的案件,大家公认存在这类判断空间,例如对于考试的打分(参见例如 BVerfGE 84, 34 = NJW 1991, 2005 以及 BVerfGE 84, 59 = NJW 1991, 2008 对于法学和医学国家考试作出的裁判)或对于由不受指令约束的委员会所作的决定。

实例:对于一种特定的葡萄酒,一个行政机关没有分配给提出起诉的葡萄农正式的检测编号,因为依据负责的专家委员会的意见,这种葡萄酒的"外观、气味和口味都并非没有问题"(BVerwG NJW 2007, 2790)。

法院不得在内容上审查专家委员会的决定。

十、宪法的特别之处

参考文献:*Hesse*, Verfassungsrecht, 20. Aufl. 1995(Nachdruck 1999),§ 2 Rn. 49ff.;*Katz*, Staatsrecht, 18. Aufl. 2010, Rn. 118ff.;*Zippelius/Würtenberger*, Deutsches Staatsrecht, 32. Aufl. 2008, § 7 I 1c, S. 63;*Stein/Frank* Staatsrecht, 21. Aufl. 2010, § 6 III, S. 40ff.

上面关于固有意义上的解释的论述——除一般条款

外——所针对的是民法和刑法的主要领域。宪法中的诸多关系则有所不同。如果所涉及的是宪法的国家机构部分,则固有意义上的解释在很大范围内也是可能的。与之相反,基本权部分则不适用这类程序。特别是,语义解释在此不像在其他两个领域那么有用。因此,基本权解释的程序更多地与对一般条款进行具体化的程序相似。

十一、其他解释准据对于查明语义的意义

参考文献:*Engisch* Einführung 137ff.;*Rüthers/Fischer/Birk* Rechtstheorie Rn. 161ff., 732.

部分人认为,当语义明确时,无须讨论其他的解释准据,这种观点是错误的。语义是否真的清楚,在考察完另外三种解释准据之后完全可能存在疑问;解释者也无权恣意地对解释准据不加考虑。

如若您像符合要求的那样考虑,这一特定用语在这部法律中的意义为何,则关键在于,这部法律中还存在什么与此类似的用语,立法者在使用该用语时想到的是什么以及通过这部法律追求的是什么。您看,为了查明语义,我们原则上需要四种解释准据。如果我们这样认为,则其他三种解释准据仅仅是查明语义的辅助手段,语义最为重要(持这种观点的参见 Zipplius, Methodenlehre § VI, S. 62)。

然而,正确的却是赋予法律目的最高的意义,那么语义

及其他三种解释准据便仅仅是查明法律目的的辅助性手段。若如此,在语义解释中便将所有解释上的考量全部投入进去,意义就不那么大了。

如果我们将具体解释准据得出的结论仅仅视为中间结论,则这种矛盾便可以得到消除。换言之,语义解释的中间结论可能包含或省却了对诸如体系的考量。总之,用语的意义事实上是什么,只能在考虑四种解释准据后才能得出。因此,在考察四种解释准据后,无论如何必须进行一项整体上的权衡(参见下文第九章)。从这种整体权衡中可能得出,在考虑其他三种解释准据时,与最初的表象相比,我们可能作出完全不同的理解。

在"语义"的解释准据之后,接下来您应当考察作为准据的"体系"。

十二、第五章小结

法律文本是专业语言的文本。因此,即使其中使用的要素涉及的是日常语言中的用语,也应当对其进行专业语言上的理解。由于关键在于法学的—目的性语义,所以同一用语在几部法律中可能具有不同的含义。如果关于一项要素的解释存在的争议问题在判例和文献中得到了澄清,则该项用语就获得了一项固定的意义。

在解释目标中对主观理论或客观理论的决定也将在语义

这一解释准据中表现出来。依据主观理论，应当从立法者的理解出发；但是法事实或法律上的评价的变迁可能导致其具有一项其他的意义。依据关于解释目标的（占支配地位的）客观理论，解释者自始便不受立法者对意义的理解的约束。

作为理解意义的辅助性手段，值得推荐的是案件比较，在比较时，应予裁判的案件被置于借由两个端点固定下来的刻度表中。

对于"确定的法概念"（这个"用语"不常用，但适宜和"不确定法概念"的对比），其意义通常可通过分解为子要素的方式得到展现。对于"不确定法概念"和"一般条款"（对于基本权利适用类似的规则），这种方式在很多时候不可能；在此，必须首先查明其指导思想，接着区分各种案件类型。

在解释时，语义解释提供了一项中间结论。只有在考察了其他解释准据后，最终正确的语义才能得到确定。

第六章

体　系

参考文献：*Bydlinski* Methodenlehre 442ff.；*Engisch* Einführung 131ff., 141ff.；*Larenz/Canaris* Methodenlehre Kap. 4, 2b, S. 145ff.；*Rüthers/Fischer/Birk* Rechtstheorie Rn. 744ff.；*Zippelius* Methodenlehre §10 III, S. 42ff.；关于刑法：*Baumann/Weber/Mitsch*, Strafrecht AT, 11. Aufl. 2003, §9 Rn. 78.

具体的规范并非孤立的，而是法秩序的一部分。因此，和其他规范之间的联系可能对应予解释之规范的意义的确认具有重要助益。

一、主观解释和客观解释

这里也存在如下问题，即解释者应当遵守立法者的评价还是独立于此，以及关键的是法律生效时的评价还是现今的评价。

从法秩序的统一的思想出发，我们必须预设，现今的立法者一次性地颁布了所有当前有效的法律。由此可知，较旧的规范应当以现今规范的评价为取向，此外应当适用关于主观解释或客观解释的一般性论述（参见上文第三章）。主观主义者要求，解释者应当遵守立法者的评价并且必须对偏离该评价的原因加以说明；客观主义者则认为，解释者不受立法者意志的约束。

二、外在体系

参考文献：*Bydlinski* Methodenlehre 443.

在解释时，外在的体系首先可能对您有所助益：
- 该条款的（官方）标题是什么？
- 从中您可以得出，依据立法者的意见，该项规范涉及什么？
- 该条款处于哪一章节？
- 该项法律是怎样架构的，它分为哪些部分？

1. 民法

实例：尽管 V 知道自己被授予荣誉的获奖贵宾犬在前一日被撞死了，其仍然将贵宾犬卖与 K。K 已经找到了下家，并且依据《德国民法典》第 280 条第 1 款、第 3 款以及第 283 条之规定要求 V 对其所失之利益进行损害赔偿。

此处所提到的请求权基础的语义看上去很合适（比较上文第二章第四点第 1 小点中的古镜案）。然而，《德国民法典》第 311a 条第 2 款对应当由卖方负责的自始不能的情形作出了特别规定。因此，对于《德国民法典》第283条在体系上应作出如下的解释，即其仅仅涵盖了在合同订立后出现的不能。换言之，K不能将其损害赔偿请求权建立在《德国民法典》第280条第1款、第3款以及第283条之上，而应当建立在《德国民法典》第311a条第2款结合第249条及以下几条、第252条之上。

2. 刑法

实例：广告工作者W以自己是大学生并且靠中介佣金来供自己上学为理由骗取顾客K订阅了一份杂志。但W的说法是假的。K支付了常规的订阅费用。

有问题的是，《德国刑法典》第263条中的"损害了他人的财产"这一要素是否得到了满足。

K以金钱获得了杂志的客观价值，因此对其并没有产生《德国刑法典》第263条意义上的财产损害（有争议）。《德国刑法典》第263条处于第22章"诈骗和背信"之中，即处于财产犯罪之中。对意志自由的侵害（支付价款时的目的落空）并不受《德国刑法典》第263条的保护（与之相反，请比较第18节"侵害个人自由的犯罪"）。

对于《德国刑法典》第315b条，从其体系地位可知，该条指的是在道路交通中与交通无关的侵害，反之第315c条指的是道路交通中的错误行为［比较BGHSt 18, 279 (282) = NJW 1963, 1070］。

3. 宪法

《德国基本法》第 2 条第 1 款的体系地位，对于理解该规定与其他基本权利的关系而言，深有助益：作为一项一般性的基本权利，它被置于其他基本权利之前。这一方面允许我们作出这种考虑，即所涉及的是一项特别的、概括性的基本权利，该项基本权利专门服务于对人格的保护；另一方面另一种解释也是可能的，即所涉及的是一项涵盖其他所有基本权利的"母体基本权"，只有当其他的特别基本权不介入时，才能对其加以动用。

三、内在体系

参考文献：*Bydlinski* Methodenlehre 443ff.

理想的情况是，一个法秩序的所有具体规范之间都内在地相互协调，在文本或评价之间不存在任何矛盾。这种"法秩序的统一"的思想也决定着解释。然而这种理想并非总能得到实现。矛盾一方面可能针对上位法出现，另一方面也可能针对相同位阶的法律而出现。

1. 合位阶性解释

参考文献：*Bydlinski* Methodenlehre 455ff.；*Larenz/Canaris* Methodenlehre Kap. 4，2e，S. 159ff.；*Rüthers/Fischer/Birk* Rechtstheorie Rn. 763ff.；*Vogel* Methodik 50ff.；*Wank* Rechtsfortbildung 97ff.

一个法秩序由不同位阶的各种法条构成，在此，一项位阶较低的条款必须符合位阶更高的条款。每一个法条最后均必须能够回溯到基本法（所谓的"法秩序的层级构造"）。从中可得出下述原则：

● 每一项下位规范均必须是从直接上位规范，上至《德国基本法》的规范中推导出来的。

● 任何下位规范均不得在内容上与上位规范相矛盾。

● 在解释下位规范时，应当尽可能与上位法的规范的评价相符合。

位阶的差异以如下的方式存在：

基本法—普通法律—条例；

或者

欧盟法—德国联邦法。

在方法论中，这里涉及的问题主要存在于基本法——普通法律的关系中，并且在"合宪性解释"这一关键词之下得到处理。然而，与之相关的却是一个在不同位阶规范之间的关系中的一般性问题。因此，也存在着"对法规命令的符合法律的解释"或"对德国法的符合共同体法的解释"等。因此，下面将概括地称之为"合位阶性解释"。

如上所述，首先存在两个问题，从上位规范中的推导["授权基础"，参见下文(a)]以及内容上的符合["作为内容审查的合位阶性解释",参见下文(b)],接下来是第三个问题["作为确定内容的合位阶性解释",参见下文(c)]。

与这三个问题相应,我们将在三个必须明确界分的脉络中遇到合位阶性解释。

只要涉及的是"授权基础"[参见下文(a)],相关的问题便是,下位规范究竟是否有效。与所有内容上的问题无关而应予说明的是,上位规范究竟是否授予下位规范的制定者创制该下位规范的权利。

对于"作为内容审查的合位阶性解释",所涉及的也是规范的有效性。如果下位规范不能经受住借由上位规范进行的内容审查,则其无效[具体参见下文(b)]。在此需要指出一项术语上的误解:尽管称谓是诸如"合宪性解释"等,但相关的问题实际上并非是一个解释问题,而是一个有效性的问题。因此,在考察模式中,属于这种问题的是诸如授权基础、正当的立法者以及合规定的颁布等。

只有当我们知道了一项规范有效时,对其进行解释才有意义["作为确定内容的合位阶性解释",参见下文(c)]。只有在这一点上,所涉及的才是一项解释问题,更确切地说是体系解释的问题。

上面的论述完全符合逻辑。而由于在许多情况下未对(b)与(c)加以区分,造成了混乱。这与在内容审查之前必须先进行一项作为确定内容的合位阶性解释相关。若此时可以找到一项符合上位规范的解释，则没有必要进行内容上的审查。换言之：某件原本应当在一项有效规范基础上为之的事项，即体系解释，必须加以前置，以便认定规范是否有效。

(a) 授权基础

实例：在前述案例（见上文第二章第二点第 1 小点）中，骑自行车的 S 说，他感觉自己仅仅受《德国基本法》的约束，而不受《德国道路交通条例》第 8 条的约束。

S 受《德国道路交通条例》第 8 条约束的事实，可以从《德国基本法》中得出。因为《德国道路交通条例》建立在作为其授权基础的《道路交通法》之上，而《道路交通法》又建立在作为其授权基础的《德国基本法》之上。

具体如下：

- 《德国基本法》第 74 条第 1 款第 22 项授权联邦立法者颁布一部《道路交通法》。
- 《道路交通法》第 6 条第 1 款授权颁布法规命令。

(b) 作为内容审查的合位阶性解释

有了授权基础之后事情尚未结束。从授权基础中推导出的法律在内容上也不得与上位法相矛盾。

实例：《德国道路交通条例》第 8 条在内容上并不与《道路交通法》相矛盾。

《道路交通法》（整体）在内容上并不与《德国基本法》相矛盾。

《道路交通法》第6条中的授权基础在内容上也不与《德国基本法》(此处为《德国基本法》第80条)相矛盾。

如若一项规范与上位法相矛盾并且该矛盾不能通过解释加以排除,则该下位规范无效。

然而,在共同体法与国内法的关系上,此种矛盾的法律后果不是国内法规范无效,而是共同体法的"优先适用"(EuGH Urt. V. 15.7.1964 – Rs. 6/64, Slg. I 1964, 1251 [1269] =NJW 1964, 2371–Costa/FNEL)。这意味着,在不与共同体法相矛盾之处,国内法仍然有效。

对于(a)和(b)中所提到的问题,主要在行政法和宪法的学习中加以遵守,在民法和刑法中极少需要遵守;您可以直接认为,《德国民法典》和《德国刑法典》中的条款符合《德国基本法》。

对于普通法律和《德国基本法》的关系而言,实践表明:

即便公民认为一项法律违宪,他也不能简单地对其不予遵守,甚至连各专门法院[1]也不具有对其加以拒绝的权利。

---

[1] 在德国,除负责普通司法管辖的系统,还并行存在着四个法院分支系统,分别负责行政、财务、劳工、社会法律事件。在联邦层面,相应地存在着联邦(普通)最高法院(位于卡尔斯鲁厄)、联邦行政法院(位于莱比锡)、联邦财税法院(位于慕尼黑)、联邦劳工法院(位于埃尔福特)和联邦社会法院(位于卡塞尔)。几家法院在组织和人员上彼此独立。在级别管辖方面,各州设有法院。以普通司法系统为例,各州法院有州高等法院(Oberlandesgericht)、州法院(Landesgericht)、地区法院(Amtsgericht)。

毋宁说若专门法院认为一项后宪法性规范违宪,其应当依据《德国基本法》第100条的规定将问题呈送给联邦宪法法院。若联邦宪法法院确认该规范违宪,则依据《联邦宪法法院法》第31条第2款第1项的规定,该项宣判具有和法律相同的效力。

但是,专门法院也可以认定,对规范的常见解释违反《德国基本法》,而对它的另一种解释原本符合《德国基本法》。在这种情形下,专门法院必须以第二种"合宪性"解释作为其基础［对此参见下文(c)］。

最后,专门法院也可能并未发现符合宪法的解释选项并且因此认为规范违宪。但呈送至宪法法院时,宪法法院认为存在一种可选择的解释可能性并且裁决,该法律仅在此种解释下才有效。

至此,我们仅仅处理了一项规范是否有效的问题,亦即处理了规范解释的先决问题(如果一项规范无效,则没有解释的必要)。但是,只有当事先对规范进行了解释时,才能在进行作为内容审查的合位阶性解释阶段决定一项规范的有效性。

与之相反,下面这一点涉及的是一个纯粹的解释问题。

(c) 作为确定内容的合位阶性解释

(aa) 即便一项下位法的规范可溯源至一项授权基础,并且即便其在内容上并不与上位法相矛盾,也可能出现下面的情况:对于下位法的规范存在两种"合理"解释的可能性。两种解释可能性中的一种更加符合上位法。此时，依据"作为确定内容的合位阶性解释"原则，应当选择更加符合上位法的解释。

（bb）从"法秩序的层级构造"中可得出另一项解释原则：如果一项上位规范通过一项下位规范而被正确地具体化，则应当仅仅适用下位规范（适用最低位阶规范原则）。

实例：男女工作薪酬平等原则可从下述条款中得出：
- 《欧盟运行条约》第157条；
- 《德国基本法》第3条第2款；
- 《一般平等对待法》第7条第1款、第6条、第8条第2款。

由于《一般平等对待法》正确地具体化了上位法，因此，在此类案件中应当仅仅适用《一般平等对待法》（*Wank* ZfA 1987, 355 [445ff.]）。

欧洲法院在君达莱案中便违反了这项原则，在该案中，尽管一项可溯源至《欧洲共同体条约》的有关年龄歧视的指令对该条约第13条加以了具体化，欧洲法院仍然动用了《欧洲共同体条约》，更确切地说，动用了一项由其自己发明的、关于年龄歧视的一般法律原则［EuGH NJW 2005, 3695ff. - Mangold; s. auch EuGH NJW 2007, 3339ff. - Palacios de la Villa；批判性意见参见 *Wank*, FS Birk, 2008, 929（939ff.）］。

(d)《德国基本法》与普通法律以及欧盟法与德国法的关系

参考文献：*Wank* RdA 1999, 124（133ff.）；*Herdegen*, Europarecht, 16. Aufl. 2014, Rn. 445ff.；*Streinz*, Europarecht, 8. Aufl. 2008, Rn. 404ff.

（aa）这里必须再一次更精确地讨论合宪性解释以及与之相关的《德国基本法》和普通法律的关系。如前文所述，每一项普通法律都必须以《德国基本法》加以衡量。如果几项解释可能性中的一种违反了《德国基本法》，则不得适用这种解释选项。如果对于一项法律找不到一项符合《德国基本法》的解释可能性，则该条款无效。

《德国基本法》与普通法律之间的这一根本上很简单的关系被掩盖了，因为判例与文献并不满足于"作为确定内容的合宪性解释"与"作为内容审查的合宪性解释"的法律建构，而是发展出了一系列其他法律建构，但在这些法律建构中，它们与合宪性解释的关联并未得到明确。例如，关于基本权的直接与间接第三人效力、基本权的客观效力、基本权的辐射效力、基本法与普通法律之间的交互作用，以及基本权对民法辐射的保障要求的功能，具体细节属于宪法的对象。在此，大量的问题存在争议并且尚未得到澄清。这里将仅仅展现"作为确定内容的合宪性解释"与第三人效力学说之间的关联。

大家一致认为，法院在所有法律方面均受《德国基本法》的约束（比较《德国基本法》第1条第3款）。但是，"基本权的直接第三人效力"意味着，例如将民法上的法律问题直接在基本法之下进行涵摄——这之所以行不通，是因为《德国基本法》并未显示出完善的规范结构，并且和原则及一般条款一样，不能加以"直接适用"。所以，不论是联邦宪法法院的判例还是最高法院的判例，均仅仅建立在"基本权的间接第三人效力"理论基础之上：在解释普通法律时，应当遵守从基本权中所得出的评价——这与上面所阐述的、作为确定内容的合宪性解释并无不同。其他的法律建构也具有类似的意义。

联邦宪法法院关于间接第三人效力的判例的出发点是吕特（Lüth）判决（BVerfGE 7, 198）。在第三帝国中负有罪责的导演法伊特·哈兰（Veit Harlan）于战争后导演了一部电影。国家新闻处的负责人吕特呼吁电影院的所有人和电影发行人不播放该影片。汉堡州法院的一项援引《德国民法典》第826条的判决禁止了他的这项行为。

吕特故意地损害了哈兰，但该项损害"违反了善良风俗吗"？正如普通法律中所有的规范一样，《德国民法典》第826条也必须依据上位的《德国基本法》加以解释。若我们将抵制呼吁理解为《德国基本法》第5条第1款意义上的"言论表达"，则该呼吁原则上受宪法保护。但是《德国基本法》第5条同时包含了一项限制性规定。依据《德国基本法》第5条第2款的规定，可以通过"一般的法律"对言论表达进行限制。一般的法律指的是并非特别针对言论自由的法律。《德国民法典》第826条就是这种一般的法律。换言之，对于"抵制呼吁"的这类案件，我们可以仅仅依据《德国民法典》的评价解释《德国民法典》第826条，认为所有的抵制呼吁均违法吗？联邦宪法法院认为，对于《德国民法典》第826条应当从《德国基本法》第5条第1款的角度进行解释。换言之，在《德国基本法》第5条与《德国民法典》第826条之间存在着交互影响（交互影响理论）。

很明显，在此必须进行一项利益衡量。但这项衡量不能以联邦宪法法院所勾勒的方式为之，《德国民法典》第826条与《德国基本法》第5条是不可通约的。联邦宪法法院既不能正确地指明相互衡量的利益，也不能指明衡量标准的出处。正确的是按照下面的程序为之：在宪法层面，应当在《德国基本法》第12条第1款（职业自由）和第5条第1款（言论自由）之间进行衡量。这两项基本权中的任一项均必须依据比例原则由另一项基本权加以限制。由此，我们可以得出为联邦宪法法院所强调的两项支撑性观点：

- 关键在于言论表达的动机、目标和目的。
- 关键在于言论表达的形式是否超越了合法的限度。

紧接着，这种宪法上衡量所得出的结论将适用于普通法律之中。所以在合宪性解释的方法中，《德国民法典》第826条应这样来阅读：若抵制呼吁的动机、目标和目的为直接针对他人的执业或者表达的形式超越了合法的限度时，则其违反善良风俗。

(bb) 上位法如何影响规整私人的下位法的法条问题，在欧盟法与国内法规范的关系中也会出现。

对于所谓的欧盟基础法［《欧盟条约》（今天的《欧盟运行条约》）、共同体基本权利、欧盟的基本自由］与国内法的关系，绝大多数人均肯定其在国内法秩序中的私人之间也具有直接的效力（*Hederdegen*, Europarecht, 16. Aufl. 2014, § 8 Rn. 13ff.; *Streinz*, Europarecht, 9. Aufl. 2012, Rn. 448ff.）。

反之，次生法，尤其是指令形式的次生法，只能在特定前提条件下针对各成员国的国家直接适用（*Hederdegen*, Europarecht, 16. Aufl. 2014, § 8 Rn. 5ff.; *Streinz*, Europarecht, 9. Aufl. 2012, Rn. 486ff.）。

64 只要指令完全没有被国内立法者加以转化或者未被正确转化，那么指令在私人间的适用（所谓的水平第三人效力），原则上为欧盟法院和绝大多数文献所拒绝（*Hederdegen*, Europarecht, 16. Aufl. 2014, § 8 Rn. 48 ff. *Streinz*, Europarecht, 9. Aufl. 2012, Rn. 489ff.）。部分人认为，就指令所谓的消极效力应予不同处理（*Wank* ZRP 2003, 414［418］mwN）。[1]

---

[1] 依据 Wank 之阐述，所谓指令的积极效力，是指指令的直接第三人效力原则在积极方向上的作用（指以共同体法替代国内法）。所谓指令的消极效力，是指优先适用原则在否定的方向上对指令所产生的效果，它要求不适用与共同体法律相抵触的国家法律，但未指定应以哪条法规代替之。于此，该问题尚有讨论空间，不应直接否定指令之消极效力的可能性。

2. 评价矛盾

参考文献：*Bydlinski* Methodenlehre 463；*Engisch* Einführung 277ff.；*Larenz/Canaris* Methodenlehre Kap. 4, 2d, S. 155ff.

除了与上位法比较之外，规范也应当与同一位阶的其他规范进行比较。在此，两个（或几个）规范之间可能产生矛盾。

这种矛盾可能在文本自身中便是显而易见的。但这种情形极为罕见，更为常见的是从两项法律中得出的评价不相协调。若此时对二者之一存在两种合理的解释可能性，则应当选择不会导致该规范与另一项规范出现矛盾的解释可能性。

对于两项位阶不同的规范，我们已经在上面的合位阶性解释中得到了类似的认识。现在涉及的是两项位阶相同的规范之间的协调。

实例：16岁的S以其无法行走的邻居N的名义为N在商人K处通过赊账的方式进行了购物。K与N之间的买卖合同有效吗？合同双方仅仅是K与N，但是S订立了该项合同。如果我们适用《德国民法典》第107条、第108条，则未经S的父母的允许或追认，合同不生效力。但由于享有权利和承担义务的并非S而是N，因此该法律行为对S而言是中性的。因此，《德国民法典》第165条也直接许可了通过未成年人实施的代理。为了避免与该条出现一项评价矛盾，《德国民法典》第107条、第108条的规定应当不适用于未成年人的中性行为。这构成了一种体系解释和目的解释，因为未成年人在代理他人事务时自身没有任何风险。

3. 协同化

即使不会出现矛盾，也应当考虑其他规范的评价。换言之，如果对于一项规范存在多种合理的解释可能性，则应当选择最符合其他规范的解释可能性。

在作为第二种解释准据的体系解释的基础上获得的认识，也将被视为中间结论。此后我们将进入第三种解释准据——产生历史。

四、第六章小结

适用一个规定，实际也是对整个法秩序的适用。因此，在对任何规范进行解释时，我们均应考虑该规范在一项法律或法秩序中具有的外在地位（外在体系），以及其评价（作为解释的结论）是否符合其他规定的评价。

矛盾一方面可能产生于不同位阶的规范的关系之中，另一方面可能产生于相同位阶的规范的关系之中。

对上位法的违反，如果不可能通过解释而修复，将导致规范无效。

对于结构的提示（适用于进阶者）：无效性问题应当先于任何解释加以考察。本书是因为其与体系解释的内在关联才在此进行阐述的。

然而,"作为内容审查的合位阶性解释"(下位情形:合宪性解释)可能导致某一条款终止于一项特定的合位阶性解释。

依据"作为确定内容的合位阶性解释",在多种解释选项中,应当以最符合上位法的解释为基础。

只要在相同位阶的规范的关系之间出现了矛盾,就应当尽可能通过解释将其消除。

第七章

产生历史

参考文献：*Bydlinski* Methodenlehre 449；*Engisch* Einführung 132f.，144f.，172f.；*Larenz/Canaris* Methodenlehre Kap. 4，2c，S. 149ff.；*Rüthers/Fischer/Birk* Rechtstheorie Rn. 778ff.；*Zippelius* Methodenlehre § 10 II, S. 41ff.

一些人认为，只有在考察语义和体系之后仍然存在疑问时，才需要考虑产生历史。这种观点与所谓的明确的语义一样，都是错误的。

一、主观解释和客观解释

主观主义者必须处理（法律）产生的历史。为了认识立法者之所想，我们必须评价立法资料。但是，客观主义者也承认产生历史这种解释准据。其间的区别在于，主观主义者希望认识立法者的意志并且认为受其约束；客观主义者尽管同样希望对立法者的意志加以认识，但却认为其不具有约束力。

对您的工作而言，这意味着：不论您持两种理论中的哪一种，您均需评价产生历史。

对于案例解答，这取决于您进行的是一项笔试作答还是一份家庭作业，或者是一份研讨会报告，它们之间存在差别。笔试通常不要求对法律的产生历史有所认识，对于笔试框架中的解释，您通常不可能对这一要素说什么。反之，家庭作业与研讨会报告通常要求您援引从所探讨的法律的产生历史中获得的认识。

具体而言，本书推荐对前史、狭义的产生历史与发展史加以区分。

二、前史

有时候，从狭义的产生历史之前的时代中我们就可以获得认知。例如可能存在一项先前的规定，我们可以将其与现行条款加以比较；或者对于后来在法律中加以规整的问题，在进入议会之前便存在着争论。

民法中的实例：《德国民法典》第90a条一方面规定动物不是物（第1句），但对物有效的条款却适用于动物（第3句）。

若没有前史的知识，或许当《德国民法典》第90a条包含了一个"动物视为物"的第2句时，我们才能理解该规定。反之，《德国民法典》第90a条语言上的浮夸风格对法律人的意义很小。从其前史中可知,《德国民法典》第 90a 条的任务仅仅在于,通过第 1 句中"动物不是物"的规定来安抚保护动物的法学门外汉。但是由于动物自始至终都应当被视为物,所以立法者在《德国民法典》第 90a 条第 3 句中为法律人补充了这一点。

刑法中的实例:A 决定抢劫加油站员工 T。A 戴着面具拿着手枪站在 T 的门前并按了门铃。T 正好放假。A 是否由于加重抢劫未遂而应当被处罚?(参见 BGHSt 26, 201 = NJW 1976, 58:A 已经直接着手实施行为)

依据《德国刑法典》第 22 条的规定,未遂由一项主观要素(依据其对行为的想象)和一项客观要素(为实现构成要件直接着手)构成,因此,该条是一种"个别客观说"的表达。如果我们考虑到大家在刑法改革之前对旧《德国刑法典》第 43 条所持有的观点,则可以很容易地理解这种理论:

- 其一为纯粹主观理论,其完全基于行为人对实行行为着手之想法;
- 其二为形式客观理论,依据该理论,行为人必须开始实施了符合构成要件的行为(*Baumann/Weber/Mitsch*, Strafrecht AT, 11. Aufl. 2003, § 26 Rn. 15 ff.)。

宪法中的实例:《德国基本法》第 1 条第 3 款规定,基本权对所有国家机关具有约束力。只有当我们考虑到下面的情况时,才能正确地推断出该款的意义:《魏玛宪法》同样包含了一个基本权的章节。但基本权在彼时仅仅被理解为不具有约束力的宣示性语句，因此它们并不具有实践意义。《德国基本法》第1条第3款明显应与之相区别。

三、狭义的产生历史

历史解释通常仅被理解为对狭义的产生历史的考察，亦即对产生了应予具体判断的法律的立法资料的考察。属于这类资料的可能是：

- 部门的专家草案；
- 包含官方说理的政府草案；
- 联邦议会与联邦参议院的讨论；
- 委员会的笔录。

在笔试和家庭作业中，您通常不需要对产生历史进行独立的考察；在研讨会报告与博士论文中则不同（也请参见 *Hirte*, Der Zugang zu Rechtsquellen und Rechtsliteratur, 2. Aufl. 2003, S. 118ff.）。对于联邦法律，联邦议会在其网页上提供第八个立法周期之后的印刷品与大会笔录的全文［参见关于议会进程的记录与信息系统（DIP）］。

在此又应当讨论前述在法律解释的目标处论述过的问题。

如果我们接受，解释者不得背离"历史上的立法者明确的规整意图及其有意识形成的价值决定"（*Larenz/Canaris*

69 Methodenlehre, Kap. 4, 1b, S. 139; ebenso Kap. 4, 1b, 2c, 138; *Engisch*, Einführung 123f. Fn. 47) 这一观点,则应予追问的是,谁是立法者。

依 *Larenz/Canaris*（Methodenlehre Kap. 4, 2c, S. 150）的观点,关键并不在于"原本的法律起草者"沉淀在立法说理中的观念。相反,起决定作用的仅仅是在议会讨论中表达出来的观念。

据此便对形式立法者和实质立法者加以了区分。反之,对现实过程的考察却显示出下面的结论:绝大多数的立法计划均由联邦政府提交至联邦议会（《德国基本法》第76条第1款第1项第一种情形）。属于法律草案的包括由联邦政府提交的说理。在绝大多数情况下,后来（经联邦议会和联邦参议院讨论后）形成的法律大体上符合联邦政府的建议。此时,仅仅诉诸联邦议会和联邦参议院中的陈述,而不考虑政府草案中附加的官方说理,显得极不自然。

判例也承认立法资料对于解释的价值。例如在 BGHZ, 46, 74（80ff. = NJW 1967, 343）中:"尽管存在一些听起来是反对的论述,但当从产生历史（特别是在仅仅从其中）能够获得对解释一个法律条款重要的东西时,最高法院的判例事实上一再对其加以援引。……对于1957年7月27日的《反限制竞争法》第16条第1款第2项应当涵盖哪些构成要件,特别是州法院也已经援引的法律的政府草案中的说理给出了一个重要的提示。……总之,依据本审判庭（der erkennende Senate)[1]之确信，立法者无疑并不受……观念之外的其他观念的引导。"（S. 82）

（判例中的其他实例：民法中的实例 BGHZ 87，191〔195f.〕）= NJW 1983，1612；刑法中的实例 BGHSt 29，85f.〔87f.〕= NJW 1979，2482；BGHSt 29，300〔303f.〕= NJW 1980，2203；宪法中的实例 BVerfGE 32，54〔69f.〕= NJW 1971，2299）

四、发展史

法律生效后所进行的解释对于今天的理解也具有重要意义。由此，我们将面临如何把迄今为止的判例和学说纳入方法上的论证这一问题（参见上文第四章）。这既是一个认识问题，也是一个阐述问题。

为了获得对法律解释的认识，只要存在我们能获得的判例和文献，我们便应当尝试着查明，判例和文献对法律中某个用语的意义说了什么。

---

〔1〕 德国联邦最高法院负责民事、刑事司法的一般管辖，民事按专门主题分为诸多审判庭，作出裁判之时签署文件也注明为联邦最高法院民事第几庭作出。当然，通常审判庭之裁判代表其所在法院。另外，在某审判庭进行审判，作出的裁判之法律意见与其他民事审判庭、刑事审判庭以及其他联邦法院（如联邦劳动法院、联邦社会法院，等等）的意见存在冲突时，有可能要启动共同的上位审判庭（诸民事审判庭内部、民事刑事联席，或者联邦法院之间），协同法律意见。此时，der erkennende Senate 的地位更为清晰，即指当下审理案件的审判庭。本书中的本审判庭也是在此意义上理解的。而本书未将其翻译为本院，也是强调在德国语境下的更确切的理解。

在阐述时，您可以这样进行，即依据语义、体系、产生历史、意旨与目的的顺序进行考察并确认，判例和文献中对各解释准据已经存在哪些陈述（依解释准据进行阐述）。

然而，在判例与文献以及教学作业中，盛行另一种讨论既存判例和文献的方式：依观点阵营进行阐述。据此将展示，一个特定条款依据一种观点可适用于案件，而依据另一种观点则不可适用于案件。如若观点的争论和案件问题的解决有关（否则可对其存而不论），人们可列出此种观点与彼种观点的论据（这些论据可能是依据解释准据加以划分的），接着对观点争论表态。

第四种——也是决定性的——解释准据为条文的意旨与目的，亦即目的解释。接下来将对其进行论述。

五、第七章小结

不论我们持主观理论还是客观理论，在解释时均应当考虑规范的产生历史，只是从产生历史中获得之认识的约束力程度存在差别。

无论如何都应当考察狭义上的产生历史，即相关法律的立法资料。此外，规范的前史与发展史也可能对认识有所助益。

第八章

意旨和目的

参考文献：*Bydlinski* Methodenlehre 453ff.；*Engisch* Einführung 133ff.，141ff.；*Larenz/Canaris* Methodenlehre Kap. 4，2c，S. 149ff.，Kap. 4，2d，S. 153ff.；*Rüthers/Fischer/Birk* Rechtstheorie Rn. 717ff.；*Vogel* Methodik 124ff.；*Wank* Begriffsbildung 90ff.；*Zippelius* Methodenlehre § 1 0 II，S. 41ff.

一、主观解释和客观解释

尤其是在第四种解释准据中，我们必须再一次讨论主观解释和客观解释之间的争论。

若对于主观主义者而言，解释的目标是立法者的意志，则法律的目的应当以立法者借此希望达成的东西来加以确定。若对于客观主义者而言，存在一项独立于立法者的意义，则可以独立于立法者的观念找到法律的目的。换言之，依据您所赞同的观点，您为解释所确定的目标也将有所不同。

二、具体的法律目的

每一项法律都追求一项特定的规范目的,该规范目的可以从一项提及法律目的的专门规定中得知。另外,规范目的可能包含在对法律的官方说理中。若官方说理中也缺乏对规范目的的说明,则必须从规范自身中发现具体的法律目的。

三、抽象的法律目的

独立于具体案件中的规整利益,我们可以为每一部法律确定一些为所有法律共有的规范目的。

1. 裁判的适当性

例如,在每一项具体规整背后都存在作出一项适当裁判的意图。这意味着,必须考虑到一项规整素材的特别之处。有时候,人们将其称为"事物的本质"。然而,我们在此必须避免这样的观念,即认为事物包含一项规整甚或事物主题(Sachmaterie)是规范的一部分(这种误解接近于"规范领域"学说)。

换言之,我们应当查明和规整有一定关联作用的"立法事实""一般事实"或者"法事实"。接着,应当考察解释的选项是否符合事物的实际情况。

2. 后果审查

外行人乃至立法者经常错误地认为，为了在现实世界中引起某些完全特定的变化，只需将文件印刷在法律公报上就行了。但是，一项法律想要产生某种后果，其首先必须为人们所知、被接受并且还需要执行该法律的人员。

此外，法秩序中一项具体的变化在现实世界中引起的通常不仅仅是一项具体的后果，而是一系列可能相互强化也可能相互矛盾的后果。

解释者的任务还包括必须确认何种解释将造成何种社会后果，并且从法律目的的角度追问，这种社会后果是否是当初所期望的。

3. 构成要件与法律后果之间的意义关联

当不能诉诸立法者对某一特定条款之目的的清楚表述时，法律解释者必须通过解释查明该项目的。

若解释者确认了一般性事实与法律的社会后果，则其将选择在构成要件和法律后果之间建立起一种意义关联的解释。质言之，立法者对一项完全特定的构成要件连接了一项完全特定的法律后果，立法者似乎以法条的语言将自己的"目的性程式"进行了编码。因此，解释者有义务对存在于构成要件和法律后果之间的这种具体连接背后的意义关联予以解码。

例如，在刑法中，刑罚的后果有助于对构成要件的理解（参见 BGHSt 7, 134 [138] 关于盗窃与窝赃的关系）。

4. 效率

由于所关涉的是最大化地实现立法者的意志，所以在面临多种可能的解释时，解释者应当选择让规范也可以得到实际适用的那种解释。换言之，解释者不能对规范作如此狭义的解释，以至于在与其他规范的关系中该规范未留下可值得一提的适用范围。

5. 实用性

从效率原则可知，在多种解释选项中，使得规范可落实的解释选项具有优先性。不遵守此项原则的条款，在法律适用中通常得不到遵守。

6. 平等原则

一种规整通过一部法律得以创建。现在，一个抽象的一般性规定取代了具体个案中不同的裁判。因此，在解释时就应当优先考虑这样的选项，它一方面恰当地界定了受众圈，另一方面使得法律适用尽可能统一。从《德国基本法》第3条第1款的角度出发，我们也可以将其视为合宪性解释。

四、法律目的的冲突

一些目的之间可以相互协调,另一些目的之间则相互矛盾,因此必须加以协同。换言之,在解释一项法律时,若个案正义和法安定性相互矛盾,则应当寻找一种折中的方案,该方案既能使人们认识到一般的解释路径,也能为个案考量留有余地。

五、结论的公正性

参考文献:*Bydlinski* Methodenlehre 317ff.;*Engisch* Einführung 227ff.;*Larenz/Canaris* Methodenlehre Kap. 4, 3a, S. 168ff.;*Rüthers/Fischer/Birk* Rechtstheorie Rn. 343ff.;*Zippelius* Methodenlehre § 3, S. 7ff., § 10 IV, S. 47f.

在方法论中,比对于法理念与正义本身的一般性考量更为重要的是,如何能够在一个具体的解释问题中顾及结果的公正性。

极端案件的情形通常是这样,即对解释者而言,依据学院式的法律解释所得出的结论显得不公正。对此,公民可以提出宪法诉愿,法官要么依据《德国基本法》第100条的规定将案件呈递联邦宪法法院,要么进行法律续造(参见后文第十一章)。

在这一分界点之下，所涉及的是在多种可能的解释结论中选择一个导向公正结果的解释结论。由于并非所有解释者对何谓公正都会形成相同的判断，所以法院无论如何应当优先考虑一项可达成共识的解释，亦即能够得到尽可能多的赞同的解释。

六、法律规避

参考文献：MüKoBGB/*Armbrüster*，6. Aufl. 2012, BGB § 134 Rn. 11ff.

在区分法律受众的行为到底是被允许的"构成要件的避免"还是已经构成被禁止的"法律规避"时，也涉及对意旨和目的的查明。若不实现构成要件将导致规范的意旨和目的落空，则存在一项法律规避。若出现法律规避情形，则可通过目的性法律解释（或者也可以通过类推）将其涵摄于规范之下。

实例：Karla（K）请求她法学专业的大学朋友 Verena（V）帮其购买一辆便宜的二手车。V 正欲将自己的车脱手；但是她知道，依据《德国民法典》第 181 条的规定，她不能同时代表买卖合同的双方（在买方代理 K，《德国民法典》第 164 条及以下几条，在卖方是代表其自己）。作为代理人的她授予 Ulrike（U）一项"复代理权"，所以现在 V 作为卖方而 U 作为买方作出了意思表示。

本案中存在一项法律规避（通说比较 BGHZ 64, 72 [74 ff.] = NJW 1975, 1117）。

一些条款明确规定，类似的行为或规避行为无效，例如《德国民法典》第 312f 条第 2 句、第 506 条第 1 款第 2 句和《租税条例》第 42 条。无论如何，规避行为无效都是一项适用于整个法秩序的一般法律原则。

实例：

(a) 一项法律规定，在拥有 2 000 名员工的企业中，企业的共同决定权由监事会中的员工代表行使。雇主雇用的员工未超过 1 999 名。

这里涉及的是一项合法的构成要件的避免。

(b) 一项法律规定，对政党 5 万欧元以上的捐赠必须公布。捐赠者与政党约定（通过指定的子公司）以每次 1 万欧元的方式分五次支付。

这里存在一项法律规避。

七、第八章小结

若可以从法律本身或者立法资料中辨识出立法者所追求的目的，则解释者（依据主观解释理论）受其约束（请比较上文第三章第二、三点）；但即便依据客观理论也应当考虑产生历史（并因此考虑立法者所追求的目的）。

若不能找到明确的关于法律目的的陈述，则应当通过解释查明该目的。应当考虑的一方面是借助法律所追求的具体的特殊目的，另一方面是诸如适当性、效率、实用性等一般性法律目的。如若具体因素之间相互矛盾，则应当尽可能使其相互协调。

在构成要件的实现违反目的时，可能存在一项规避。

第九章

解释的结论

参考文献：*Bydlinski* Methodenlehre 553ff., 558ff.; *Engisch* Einführung 174ff.; *Larenz/Canaris* Methodenlehre Kap. 4, 2f, S. 163ff.; *Zippelius* Methodenlehre § 10 VI, S. 50f.

至此，您还只是找到了中间结论，更确切地说关于诸种解释准据（文义、体系、产生历史和目的）的中间结论。现在所涉及的是如何达致最终的结论（关于"诠释学循环"，参见 *Larenz/Canaris* Methodenlehre Kap. 1, 3b, S. 28; *Wank* Begriffsbildung 73f.）。

若四种解释准据指向同一个方向，那就简单了，由此您也已经有了解释的结论。

若是某些准据指向一个方向，其他准据指向另一个方向，那么您必须权衡。比如，目的重于文义。

因为只有当四种解释准据的结论都存在时，才可能作出一项最终的决定，所以如前所述，我们必须拒绝这样的观点：主张检查了其中的一种准据便可停止探究，或者认为使用某具体的准据便可以得出一个终局的结论。因此，认为"明确的语义"使得检查其他准据成为多余是错误的，正如认为存在一个自在的语义,而不考虑立法者基于何种目的恰恰在这一法律中使用了这一用语同样是错误的一样。

同样错误的还有该项常见的建议,即只有当依据语义和体系解释不能得出一个明确结论的时候才需要援引历史解释。

对于所有宣称特定的解释准据将由于个案情况而多余的学说,都必须加以驳斥:解释者必须投入所有可用的认识手段。因此,解释者必须始终对四种解释准据全部加以考察。

当您对四种解释准据中的每一种准据都得出了结论,而这些结论并不一致时,会出现如下情况:这些要素具有不同的权重。比如,若语义论据极弱,因为人们有充分理由可以对该表达作他种理解,那么便应当赋予另外三种解释准据更大的权重。

此外,第四种解释准据——法律的目的总是处于优势地位,比如在四种解释准据的论据具有相同权重的情况下即是如此(vgl. *Wessels/Beulke/Satzger*,Strafrecht AT,44. Aufl. 2014,Rn. 57)。

第十章

判例中法律解释的实例

接下来将以源自民法、刑法和宪法的三个实例来展示,迄今为止所获得的认识如何运用在具体的解释问题上。在阅读答案之前,您应当针对三个案例各草拟一份自己的(书面)解题大纲。这些案例是可以通过运用您迄今所学到的工具加以解决的(在笔试试卷中,有时候会给您提供进一步的信息)。

一、民法(BGH NJW 2004,56)

案情:女租客M与S先生坠入爱河。在二人相恋三个月后,M想将S带到她租住的公寓并与其长期共同生活。依据《德国民法典》第540条第1款第1句的规定,将S带入公寓住是否需要出租人V的同意?

解答:作为生活伴侣的S必须是该规定意义上的"第三人"。换言之,这一构成要件要素需要解释。

1. 解释的目标

首先需要澄清的是，我们通过解释追求何种目标。按照主观理论，解释的目标所涉及的是查明立法者的意志。反之，客观理论的支持者则想独立于立法者的观念来探索法律的意志。依迹象理论，尽管立法者的意志很重要，但是仅仅限于它在法律中得到表达时。下文将以适用时点的主观理论（geltungszeitlich-subjektive Theorie）为基础。

（在解答案例时，此类关于解释目标的阐述并不常见，这与方法论专业的笔试不同。无论如何，您必须做这些初步考虑。）

按照联邦最高法院对该问题的看法，相较于从租赁法的其他规范推导出的《租赁法改革法》的一般性价值决定（Wertentscheidungen），立法资料中表达出的意志更为重要。因此，至少在本案中，第九审判庭并没有遵循关于解释目标的纯粹客观理论。

2. 解释的准据

对于解释，应援引条款的语义、体系、产生历史以及意旨与目的。

（a）语义

"第三人"这一概念在《德国民法典》中不同的地方被用于不同的情境中（比如在《德国民法典》第 123 条、第

822条之中），该概念在《德国民法典》中没有统一的意义。

《德国民法典》第540条意义上的"第三人"可能是指所有不是租赁合同当事人的人，但也可能只是意指与承租人不具有密切个人关系的人。那么接着还需澄清的是，这种关系必须具备什么样的性质。

因此，该规定的语义是不明确的。

（b）**体系**

（aa）司法判例以合宪性解释的路径从《德国基本法》第6条推导出，至少近亲属不是《德国民法典》第540条意义上的第三人。但是还没有回答非婚同居伴侣是否也是第三人的问题。

（bb）与《德国民法典》第563条进行对比的结果可能反对将生活伴侣归为第三人。在承租人死亡时，该条赋予了生活伴侣与配偶相同的加入租赁合同的权利，也就是将配偶和生活伴侣等同视之。不过《德国民法典》第563条的前提条件为，该伴侣已经与承租人长期共同生活。因此，《德国民法典》第540条和第563条的利益状况之间是没有可比性的。

换言之，体系也没有对该解释问题给出明确的答案。

（c）**产生历史**

（aa）从《德国民法典》生效到租赁法改革前，对于非婚生活共同体的社会观念已经发生了转变。这可能表明，在2001年新《德国民法典》第540条的新版条文生效时，立法者希望在整个租赁法中将非婚生活伴侣与配偶同等对待。

(bb)然而,立法者却在政府草案的立法说明中明确,承租人为了"形成或延续一个持续的家计(Haushalt)而让其生活伴侣加入"需要出租人的同意(BT-Drs. 14/4553,49)。

狭义的产生历史也就表明,S 是《德国民法典》第 540 条意义上的第三人。

提示:在笔试中,您会得到关于产生历史的信息。

(d)**规范的意旨与目的**

《德国民法典》第 540 条的目的是保护出租人的利益。因此,原则上任何不是租赁合同当事人的人都是"第三人"。《德国基本法》第 6 条所规定的例外应予严格理解,只适用于近亲属。

(e)**总结论**

非婚生活伴侣是《德国民法典》第 540 条意义上的第三人。换言之,对于让 S 长期住进 M 的公寓而言,M 需要 V 的同意。

提示:对于此类案件,联邦最高法院肯定承租人享有依据《德国民法典》第 553 条第 1 款的规定请求出租人作出同意的权利。因此,承租人在结果上得到了足够的保护。

二、刑法(BGH NJW 2003, 1677)

案情:A 在两米外用装有空包弹的手枪指着银行职员 B

并对他说:"把钱拿来,不然我就开枪了。"B 毫无反抗地让 A 从柜台拿走了钱。依据《德国刑法典》第 250 条第 2 款第 1 项的规定,A 是否由于加重的抢劫应受刑罚?

解答:抢劫罪的基本构成要件已经得到了满足。有疑问的仅仅是加重的实现,这取决于装有空包弹的手枪是否为《德国刑法典》第 250 条第 2 款第 1 项意义上的武器。

1. 解释的目标

第一个实例中关于解释目标所作的阐述也相应地适用于本案。

2. 解释的准据

对于解释,应援引条款的语义、体系、产生历史以及意旨与目的。

(a) 语义

按照一般的语言惯用法,语义允许将装有空包弹的手枪归为"武器"。

(b) 体系

就外在体系而言,根据武器法进行定位将很有助益。按照《德国武器法》附件 1 第 2.7 节,装有空包弹的手枪等同于枪。即便在考虑到"法概念的相对性"的情况下,这种理解也可以作为《德国刑法典》范围内的解释的基础。

（c）产生历史

不过，立法者在1998年的《德国刑法第六次改革法》的框架内并不认为装有空包弹的手枪是武器。

（d）意旨与目的

《德国刑法典》第250条第2款加重刑罚威胁的目的应当是考虑到了其中所述的行为方式的危险性的增加。法医学上和犯罪技术上的研究表明，用装有空包弹的手枪打一枪甚至可能是致命的。由于存在这种危险，所以行为人是否实际开枪，对于解释来说是无关紧要的；即使行为人并未走入可触及被害人的范围，一把刀也仍然是一种武器。通过展示武器以及与其相关之威胁，对受害人而言，便出现了一种压力增大的情形，这种情形构成了一种更剧烈的侵害并且证立了对刑罚威胁的加重。

（e）总结论

当时的立法者的评估违背了关于装有空包弹的手枪实际上具有的危险性的科学发现。依据该法律的意旨与目的，上膛的仿真枪应当被视为《德国刑法典》第250条第2款第1项意义上的武器。因此，A将由于加重的抢劫而受刑罚。

三、宪法（BVerfGE 32,54）

案情：依据《德国手工业条例》第17条第2款的规定，受手工业协会委托之人有权进入手工业者的"土地和营业场所"并进行检查和访问。A 认为该条例第 17 条第 2 款违反了《德国基本法》第 13 条。

解答：对于本案可知：A 的营业场所也为《德国手工业条例》第 17 条第 2 款所涵盖。但是营业场所也受《德国基本法》第 13 条的保护吗？

1. 解释的目标

第一个实例中关于解释目标所作的阐述也相应地适用于本案。

2. 解释的准据

对于解释，应援引条款的语义、体系、产生历史以及意旨与目的。

（a）语义

依据《德国手工业条例》第 17 条第 2 款的规定，受手工业协会委托之人有进入土地和营业场所的权利。与此相反，《德国基本法》第 13 条则规定了"住房"的不可侵犯性。这里的关键在于营业场所是否落入《德国基本法》第 13 条规定的"住房"（Wohnung）概念之中。按照一般的语言惯用法，营业场所不是住房，所以按照该语义，似乎并没有涉及《德国基本法》第 13 条。

（b）体系

从体系的角度来看，应该注意的是，就营业场所而言,《德国基本法》第 13 条是第 12 条的辅助性基本权（Hilfsgrundrecht）。

(c) 产生历史

产生历史支持对《德国基本法》第 13 条作广义的解释。

(aa) 从其前史来看,可以为了解释而援引《魏玛宪法》第 115 条。该项规范在过去被作扩大解释。住房这一概念过去也涵盖了营业场所。

(bb) 狭义的产生历史显示,《德国基本法》的起草者尽管采用了以前的规定,但是并无意借此改变对住房概念的解释。

(cc) 在《德国基本法》第 13 条的发展历程中,学界采用了对住房用语的广义理解。

(d) 意旨与目的

由《德国基本法》第 13 条的意旨与目的也可得出广义解释的依据。

(aa) 只有通过对住房概念的广义解释才能保障效率原则,依据该原则,有疑问时应当选择赋予该基本权最强效果的解释。此外,比较法也显示出,在其他各国的宪法中,广义的住房概念居于主导地位。最后,只有通过广义解释,法人的基本权利才能得到保障。

(bb) 反对这种广义解释的理由可能是,大量的进入权与访问权将因此而消失。但是这些实践上的困难并不能导致对一项基本权利的保护范围的限制。

(e) 总结论

四种解释准据的结论并没有指向同一个方向。关键在于构成要件和法律后果之间的意义关联。对法律的诸种目的的权衡表明，只有依据法官命令实施的搜查才是合法的。依据所涉及的是住宅还是营业场所，干预和限制适用不同的尺度。对于居住场所，干预和限制这些概念应作严格解释，在此访问权和检查权被排除，这也适用于这些场所同时被用于商业的情形。但是对于纯粹的商业场所，保护的需要较低，在一定的前提下对其进行访问和检查是合法的。

第十一章

法律续造

参考文献：*Bydlinski* Methodenlehre 472ff.；*Engisch* Einführung 292ff.；*Larenz/Canaris* Methodenlehre Kap. 5, S. 187ff.；*Rüthers/Fischer/Birk* Rechtstheorie Rn. 822ff.；*Vogel* Methodik 133ff.；*Wank* Grenzen；Wank ZGR 1988, 314（319ff.）；*Zippelius* Methodenlehre § 11, S. 52ff., § 13, S. 63ff.

原则上，每一个案件都可以在一个法秩序中加以解决。可能会出现的是，A 对 B 不享有请求权，因为不存在请求权基础。也可能 T 不能被科处刑罚，因为不存在针对 T 实施的犯罪的构成要件。这种结果可能不尽如人意，但是该案件仍然可以借助制定法加以解决。

因此，下列论证是不正确的：法律续造之所以必要，是因为如若不然，法官就违反了禁止拒绝裁判的禁令；法官不能以案件未被法律所调整而对诉讼不予裁判——如前所示，任何案件都可以在现行法的基础上，不经法律续造而得到解决。

法律续造所涉及的是如下情事：我们假定，一个案件可以依制定法加以解决，但是解决方案并不令人满意。但是，解释者对解决方案的不满意并不能使其免于法律的约束。毋宁说解释者有两种选择，且两者都有严格的前提条件。

一种选择是当不能令人满意的结论是基于该项法律违宪的事实，向联邦宪法法院呈送，或者在该法院认为国内法的适用违反共同体法时——通过先决裁判程序——向位于卢森堡的欧洲法院呈送。在一个假设违宪的案件中，公民可以依据《德国基本法》第93条第1款第4a项的规定提起宪法诉愿，法官可以在其具体诉讼的框架内依据《德国基本法》第100条的规定对法律的违宪性问题向联邦宪法法院提出呈送。

另一种可能性在于法官的法律续造。法律续造的合法性前提，部分源自解释学说，部分源自宪法。

首先必须要做的一直都是确认所期望的结果不能通过解释，比如通过扩大或限制性解释来实现。如果我们遵循通说（语义界限理论），那么关键的是能否找到一种仍然为条款可能的语义所涵盖的解释可能性（即还是解释），或者解释是否已经不在这个界限之内了（那么只有法律续造才是可能的）。

因此，依据通说，只有在我们确认一个具体的解释结论不为语义所涵盖时，才适用类推（见下文第三点第1小点）或目的性限缩（见下文第三点第3小点）。

一如前述（见前文第五章第一点第2小点），应当以与之相反的法律意旨理论为基础：在对当前法条的解释不再为该条文的目的所涵盖时，就达到了解释的边界。与此相反时，则应当考虑通过法律续造提出一个新的法条，在此必须顾及当前法条的意义（比较下文第 12 章中的例子）。

因此，在接下来的阐述中，依据本书所持理论，语义界限将不得不被法律目的（Gesetzeszweck）的界限所替代。

一、法律漏洞

参考文献：*Bydlinski* Methodenlehre 472ff.；*Engisch* Einführung 235ff.，246ff.；*Larenz/Canaris* Methodenlehre Kap. 5，2，S. 191ff.；*Rüthers/Fischer/Birk* Rechtstheorie Rn. 822ff.；*Wank* Grenzen 69ff.；*Wank* ZGR 1 988，314ff.；*Zippelius* Methodenlehre § 11 I，S. 52.

正如长久以来在方法论中所公认的那样，法律续造的前提是存在一个法律漏洞：法律没有包含其必须包含的一项规定。但是，我们应当依据什么来判定所寻找的规定必须存在，又如何认定存在一个漏洞呢？

漏洞理论的思维大厦和术语有些混乱。首先要确认法官在法律续造时所履行的实际是立法者的任务，这是至关重要的。

因此，先要澄清，立法者是否明显已经禁止或许可一项法律续造。

1. 法律续造的禁止

参考文献：（关于刑法中的禁止类推）*Roxin*，Strafrecht

AT, Bd. 1, 4. Aufl. 2006, § 5 Rn. 26ff.

　　首先，依据《德国基本法》第103条第2款的规定，在刑法中作不利于行为人的类推这样的法律续造被明确禁止。此外，立法者可能选择了列举，这使得该规范只能在所规定的情况下适用（也可以参见下面的反面推论）。

2. 受允许的法律续造

　　如果立法者已经看到进一步的规整需求，但他不能或不愿意作出反应，那么法律续造被明确允许。在这些情形下，立法者可以有意识地将问题交由司法和学说去澄清。这通常可在立法资料（典型的是法律的官方说理）中得见表达（自始有意识的法律漏洞）。

　　当立法者使用不确定的法概念、需价值填充的概念或一般条款时，也存在"立法上的留白"。人们常说，在这些情况下司法的手脚是自由的，但是这只适用于这些法律建构的正常发展。即便在这里，对此前理解的根本背离也可能意味着一项法律续造。——依据通行的客观解释理论，人们会不正确地对待这个问题，因为在一个宽泛的措辞下，所有可能的变化都还被允许当作解释。

　　若没有此类预先规定（Vorgabe），那么不确定是否允许在个案中进行法律续造。如果真的存在一个漏洞，那么涉及的就是一个无意识的漏洞；立法者根本没有考虑到允许或者禁止法律续造。

这一无意识的漏洞可能在法律生效之初便已经存在（自始无意识的漏洞）。但是问题也可能是嗣后才被发现或产生，比如由于法事实的变迁或者规范环境的变迁（嗣后无意识的漏洞）。在一定的限度内通过解释进行调整是可能的，特别是当人们遵循客观解释理论时，但是依据适用时的主观理论也是如此。

超出该界限时便可以考虑法律续造。但人们如何确认，对此是否存在必要的漏洞，亦即该规定是否不完备呢？对此的标准不可能是解释者的法律感受（"法政策上的瑕疵"），其标准不如说是立法者的规整意图。然而，由于依据立法者的理解，他已经在法律中正确地表达了自己的观点，所以只能推究这种规整意图。我们应当认为，立法者致力于形成一项连贯且一致的规整。因此，必须对现行规则是否符合平等原则加以检查。如果没有实质理由支持对法律并未涵盖的某些特定案件加以排除，那么该项法律在考虑到平等原则的情况下就是有漏洞的。只要漏洞的确认仅仅以规整目的和平等原则为取向，那么存在的便是一个针对所谓的法律内部固有的法律续造，即针对所谓的制定法之内的法律续造而进行的漏洞确认。

此外，漏洞理论中还区分了公开的漏洞和隐藏的漏洞。如果缺乏一项原本依据规整目的可以预期的规定，那么就存在一个公开的漏洞，这种漏洞将通过类推得到填补。反之，如果法律没有包含一项按照该法律之目的本应包含的例外性条款，则存在一个隐藏的漏洞。一项规定总体上已经存在，就掩盖了缺少附加法规的事实。隐藏的漏洞将通过目的性限缩加以填补（见后文第三点第 3 小点）。

一如法学方法论所倡导，在制定法之内的法律续造之外，还存在依据法秩序整体来测量的法律漏洞，也即"超出制定法之计划"的法律漏洞（"超越制定法的法律续造"见 *Larenz/Canaris* Methodenlehre Kap. 5, 4., S. 232 ff.）——很明显，在这种情况下，法律中缺乏一项依据，而且在选择的原则足够抽象的背景下总是很容易认定漏洞。能够对这种超越制定法计划的法律续造加以正当化的事由，被表述得非常模糊。在考虑到下述情况时，一项法律续造应该是可能的：

- 法律交往的需要；
- 事物的本质；
- 一项法伦理原则。

如果漏洞是建立在这类理由的基础之上，那么它更多地是一个法政策上的要求，而不是真正的漏洞。

对于法学教育而言，这个领域可以忽略。您在作业及考试中，最多涉及制定法之内的法律续造，在大多数情况下是进行类推。反之，这并不要求您通过法律续造发展出新的法律制度。

存在漏洞这个前提，仅仅构成进行一项法律续造的第一层过滤器。此外还必须满足宪法上的前提。

二、法律续造在宪法上的界限

参考文献：*Rüthers/Fischer/Birk* Rechtstheorie Rn. 704ff.；*Wank Grenzen richterlicher Rechtsfortbildung* 82ff.

在过去，方法论常常给人此种印象，似乎解释的界限仅仅是方法论性质的。事实上，法官进行法律续造的界限同时源自方法论和宪法。

在方法论中，依据通说区分了解释（在可能的语义界限内）和法律续造（超出了可能的语义）。应对这种对语义的过分强调予以拒绝（见前文第五章第一点第 2 小点）。法律漏洞的存在是进行法律续造的前提，这才是方法论中的一个界限（见刚刚论及的第一点）。

此外的其他界限源自宪法。诚然，解释作为对立法者意志的查明，在很大程度上可以不考虑宪法。但是，当相关的问题为法院是否可以置立法者意志于不顾时，就涉及宪法，尤其是涉及权力分立原则。

如果法官依据《德国基本法》第 97 条的规定受法律约束，那么他只能基于特殊的理由不考虑法律。因此，只有在法治国原则、民主原则特别是权力分立原则划定的宪法界限内，法律续造才是可能的。

从民主原则出发可知，法院不能通过法律续造而引入在政治上有争议的革新，这是经由选举而合法化的立法者的任务。

依据权力分立原则——除明确的授权,应当由具备履行一项任务最好条件的那个权力机关来履行该项任务。因此,诸如需要进行详细调查或对法律体系予以广泛改造的革新就为立法者所保留。

三、漏洞填补

参考文献:*Bydlinski* Methodenlehre 475ff.;*Engisch* Einführung 235ff.;*Larenz/Canaris* Methodenlehre Kap. 5,2,S. 202ff.;*Rüthers/Fischer/Birk* Rechtstheorie Rn. 878ff.;*Zippelius* Methodenlehre § 11 II, S. 55ff.

若是您已经确认:

- 存在一个法律漏洞
- 并且由法院进行漏洞填补不会违反宪法,

那么现在要做的就是对漏洞加以填补。正如不允许解释者根据自己的主观感受作出解释一样,也不允许通过笼统地援引法律理念或者正义进行法律续造。更确切地说,漏洞的填补必须以现行法的评价为指针。这对于类推这种最重要的填补漏洞的手段而言,意味着必须证明已做调整的和未加调整之情形的利益状况的相同性,并且漏洞应当以一种特定的方式加以填补。

类推

- 法律对情况 A 做出了 x 意义上的调整。
- 情况 B 未被法律所调整。
- 情况 A 和情况 B 彼此相似,存在同一种利益状况。
- 所以,情况 B 必须受到如同情况 A 一样的调整。

然而,可作为漏洞填补的手段的,并非只有类推,还有:

- 反面推论;
- 目的性限缩(=Restriktion);
- 援引法原则(Rechtsprinzipien)。

1. 类推

就类推推论而言,有如下区分:

- 法律类推(Gesetzesanalogie);
- 法类推(Rechtsanalogie);
- 举轻以明重;
- 举重以明轻。

(a) 法律类推

在法律类推(制定法之类推)中,将仅仅援引一个具体的制定法的条款进行类推。

实例(BGH NJW-RR 2004,778):单身男士 A 先生致信"B 机构":"兹委托 B,从其客户档案中为我介绍一名可在闲暇时交往的女伴。" A 与 B 约定的酬金为 1 800 欧元。B 为 A 介绍了一位有意向的女士,A 与该女士在接下来的几个月中共同度过了大量的休闲时光。当时两人还没有谈婚论嫁。A 拒绝向 B 支付 1 800 欧元。

B 的请求权可能依据《德国民法典》第 656 条第 1 款第 1 句并不成立。但是，该条款只涉及"报告缔结婚姻之机会或充当缔结婚姻之媒介"。本案中，合同的标的并非此类给付，而仅仅是充当在闲暇时间交往的媒介。因此，B 的请求权若是未被《德国民法典》第 656 条第 1 款第 1 句所排除，则其可能依据《德国民法典》第 652 条而成立。

尽管（《德国民法典》第 656 条的）语义仅仅指向"婚姻媒介合同"，但是该条款的意义可能支持将其扩展到"伴侣关系媒介合同"。在当前的实践中，这种合同类型已经排除了《德国民法典》生效时广泛存在的婚姻媒介合同。而对于这一合同类型，缺少一项特别的法律规定，也即存在一个（无意识的）规整漏洞。该漏洞也是违反计划的：这一旨在阻止借婚姻媒介程序干预人格领域的法律意旨也符合对这种合同的一项规整。利益状况是相似的。这种媒介的典型意义并非指向具体的闲暇时间的共同活动（比如一同参加一门舞蹈课），而是指向长久的伴侣关系。在两种情形中，顾客都存在着一种值得被保护的自由决定的需要。因此，在这种合同中，《德国民法典》第 656 条应当类推适用于报酬请求权的可诉性。B 不享有请求权。

法律类推的一个实例：

```
                    法律类推
          ┌────────────┴────────────┐
《德国民法典》第656条      《德国民法典》第656条类推
    婚姻媒介合同                伴侣关系媒介合同
   （法律做了调整）             （法律未做调整）
```

下面源自罗马法的实例将显示这种类推具有悠久的传统。

实例：在罗马法中，四足动物（quadrupes）的所有权人要对该四足动物因其野性所导致的损害承担责任。受害人可以向所有权人主张动物致人损害的请求权（actio de paupiere）。（元老院）元老 S 养了一只非洲鸵鸟，它在一次花园聚会上咬伤了领事的妻子 F。当 F 想对 S 提起动物致人损害之诉时，S 辩称，鸵鸟不是四足动物。F 则认为，咬伤就是咬伤，不管它是四足的还是两足的动物。

因为鸵鸟不是四足动物，我们看起来不能在鸵鸟咬伤人的情形中向所有权人提起动物致人损害之诉。然而，在评价上，调整的和未被调整的情形是相符的。如果在这种情况下诉讼行不通，则有违平等原则。因此，两足动物造成伤害的情况应当按照已调整的情况加以裁决。F 可以对 S 提起动物致人损害之诉（关于类推的历史，参见 Raisch, Juristische Methoden-Vom antiken Rom bis zur Gegenwart, 1995, 15ff.）。

接下来，将通过另外两个例子说明关于法律续造的知识。

实例（BGH NJW 1 999, 2896）：A 是一块与 B 的土地相邻的地块的所有权人。B 的房屋由于电气布线技术缺陷而遭烧毁，无法证明 B 对此存在过错。由于火花飞溅，A 的房屋的茅草屋顶着了火，并且受损严重。A 要求 B 赔偿。

该请求权或许可以从《德国民法典》第 906 条第 2 款第 2 句得出。然而，该规范的语义仅仅涵盖了由相邻土地产生的土地侵害，这种侵害因为不太严重或是当地所常见的，所以所有权人不能加以禁止。这方面的典型例子被列举在《德国民法典》第 906 条第 1 款中。而本案中的情况却有所不同。基于实际的理由 A 不能禁止火花飞溅。然而，在起火应当归责于 B 这一点上，情况也是类似的，因为他应当对其土地上的技术设备的状况负责。因此，可以类推适用《德国民法典》第 906 条第 2 款第 2 句。

"双重"类推的情形可以见于下面的实例：（联邦劳动法院《德国民法典》第 611 条 雇主危险责任 第 13 号）：当雇员 A 忙于卸下刚刚交付的货物时，他的外套被供应商的一名雇员 B 损坏了。A 和 B 对此都没有过错。A 要求他的雇主赔偿其外套的损害。

一项针对雇主的无过错请求权可能源自《德国民法典》第 670 条。然而，根据该条的体系地位，只有在委托法中才可直接适用。换言之,《德国民法典》第 670 条关于人的适用范围仅仅涵盖了(无偿的)受托人与其委托人之间的关系。然而,依据《德国民法典》第 611 条的规定,劳动合同是指向有偿给付的。因此,该规定将不适用于本案中的劳动合同。

依该规范的语义,其事项的适用范围仅仅包括费用,即自愿的财产牺牲。但是 A 遭受了一项损害,即非自愿的财产牺牲。据此,《德国民法典》第 670 条也不适用于本案。

对于雇员在其业务活动范围内对其自身造成损害的,联邦劳动法院类推适用《德国民法典》第 670 条。由于这项类推同时涉及该条款的人的适用范围和事项的适用范围,所以存在一个"双重"类推。严格地说,这个类推不是双重的类推,它只是指涉两个要素。

(b) 法类推

在法类推中,一个共同的基本思想将从几个条款中发展而来,并被转用到一个类似的情形。

对消极的不作为请求权进行类推的说理:

实例:《月亮报》预告,将公开登载以不明方式获得的 A 的私密日记。A 就此提出起诉,要求不得登载其日记。

从法律中不能直接得出一项这种请求权。《德国民法典》第 1004 条第 1 款第 2 句仅仅针对所有权的将来的损害危险规定了一项不作为请求权,而本案涉及的是 A 的一般人格权。

不过，从《德国民法典》第 823 条第 1 款得出的损害赔偿请求权所针对的不仅仅是一项已然实现的对所有权的侵害，而且也针对其他的对绝对权利和法益的侵害，其中也包含作为"其他权利"的一般人格权。但是，如果对这些权利和法益的侵害提供了一项嗣后的损害赔偿请求权，那么，通过一项不作为请求权对这里提到的权利和法益加以预防性的保护，必定更符合法律的评价。如果可以事先预见面临的具体侵害威胁，那么要求个人等待自己的法益受侵害，再嗣后针对侵害人采取行动，则是毫无意义的。因此，除了所有权之外，其他为《德国民法典》第 823 条第 1 款所涵盖的法益也受到一项基于类推适用《德国民法典》第 823 条第 1 款、第 1004 条而产生的（所谓消极的）不作为请求权的保护。

（关于类推也可以参见第十二章中的实例）

(c) 举轻以明重

举轻以明重用拉丁语表述为：argumentum a minore ad maius。这里涉及的是一个当然推论（erst-rechts-Schluss）。如果法律对于不太重大的情形都规定了一项特定的法律后果，那么这个法律后果当然更应当适用于更为重大的情形。

实例：A 被一只恶狗所攻击。为了防御攻击，A 从 E 的栅栏上扯下一根板条。不知其中缘由的 E，试图阻止 A，在争夺中 E 的胳膊受了伤。对于栅栏遭受的损坏以及胳膊所受之伤，E 要求 A 赔偿损害。

对于栅栏遭受的损坏,《德国民法典》第 904 条第 2 句向 E 提供了一项针对 A 的赔偿请求权;对于身体伤害的损害赔偿请求权未作规定。人们可以论证说:如果 E 对所有权侵害都享有一项损害赔偿请求权,那么他当然更应当对身体伤害享有一项损害赔偿请求权(通说也如此认为)。但是对此相反的论证是:A 的行为是正当的,E 不能援用紧急避险。依据本书所持的观点,A 对于行为违法的 E 不负有责任。

(d) 举重以明轻

举重以明轻拉丁语为:argumentum a maiore ad minus。在此的考虑是:若对于更为重大的情形法律都没有规定一个特定的法律后果,那么这一法律后果当然更加不能适用于不那么重大的情形。

实例:S 已经威胁了 P 一段时间,说她很快将会自杀。在与伴侣 P 发生争论时,P 无意间说了一句让 S 深为受伤的话。S 自杀了。P 是否因为过失杀害 S 而应受刑罚?

若 P 有意帮助了 S 自杀,那么他的行为将不受处罚。所以,过失地导致他人自杀这一更为轻微的非难,不会引起刑罚(BGHSt 24,342 [344] = NJW 1972,1207)。

2. 反面推论

反面推论拉丁语为:argumentum e contrario。反面推论是类推的姊妹。其意为:若法律仅仅希望在某种特定意义上解决这种情形，那么对其他情形不应当做相同的调整。法律的措辞可能包含一个"仅"（参见比如《德国民法典》第253条第1款），否则，就要看能否按照其他的解释准据（如产生历史和规范目的）从规定中推断出一个"仅"。若情况如此，则涉及反面推论，否则的话则可能是类推。

实例：16岁的K以100欧元从V那里购买一辆价值200欧元的自行车。他的父母否决了这项买卖。V能要求K支付买卖价款吗？

对于此项基于《德国民法典》第433条第2款的请求权，关键在于K的表示依据《德国民法典》第108条的规定是否有效。就此而言，决定性的是父母的允许或者追认在《德国民法典》第107条意义上是否是"必要的"。《德国民法典》第107条不是以"获利"为准（这次具体的交易肯定是获利的），而是以"法律上的获利"为准。因此，正如反面推论的结论一样，一项交易是否带来"经济上的获利"是无关紧要的。由于支付买卖价款的义务对于K而言并非"纯获法律上之利益"，因此，该合同因缺少父母的必要追认而不生效力。

实例：勒索者A在X连锁店的一家分店的一瓶柠檬水中投放了泻药。顾客B买了这瓶柠檬水并喝下了，导致轻微的腹泻。依据《德国刑法典》第314条第1款第2项的规定，A是否应受刑罚？

对这个问题的解答取决于，《德国刑法典》第314条所要求的危害健康的物质是否必须造成一项严重的健康损害，还是造成轻微的健康损害即为足够。《德国刑法典》第314条第2款准用（verweisen auf）了同法第308条第2款，该款要求造成一项严重的健康损害。如果严重的健康损害对于加重是必要的，那么从反面推论便可得出，对于基本构成要件，只要物质造成轻微的健康损害便足够了。因此，A就满足了《德国刑法典》第314条第1款第2项规定的构成要件。

3. 目的性限缩

若与从法律目的来看是合理的情形相比，法律语义涵盖的情形更多，那么应当反于语义将未被法律目的涵盖的情形从规范中加以剔除。

实例：父母在圣诞节赠与其6岁的女儿一辆自行车。在这份赠与合同中（《德国民法典》第516条），父母为法律行为的双方当事人，一方面作为赠与人，另一方面依据《德国民法典》第1626、1629条作为未成年女儿的法定代理人。只有当代理人得到许可（但本案中应当由谁对父母加以许可呢？）或者该法律行为专为履行债务时，《德国民法典》第181条才允许一项这样的双方代理。

若想固守语义，则我们可以说，父母赠与子女圣诞礼物是在履行一项义务；但这并不符合法律借由"义务"之所指。

更有说服力的是一种基于规定目的的论证。语义尽管只提到两种例外。不过，若是一个得到清晰界定的案件类型并不违背防止利益冲突的法律目的，则一项其他的例外也是合理的。父母赠与其子女节日礼物的常见情形，即是此种情况。因此，上述实例中的赠与合同是有效的。

4. 诉诸法原则

在前文中，我们已经了解了作为不成文法条的诸原则，尤其是《德国民法典》第 242 条的一些子原则。此外，这些原则还包括（详见 Staudinger/*Looschelders/Olzen*, BGB, 2015, BGB § 242 Rn. 210ff.）：

- 权利失效（失权）；
- 禁止反言（矛盾的行为）的情形；
- "索要须立即归还之给付不合法"（dolo agit, qui petit, quod statim redditurus est）之规则。

比如，表见代理制度就是建立在信赖保护和权利外观责任这两个原则的基础之上。对此，请看下面的实例：

实例：S 女士在 U 的企业里做秘书。在 V 有限责任公司的订单上，长期以来都由 S 代替主管的部门领导签字。U 对此并不知情，因为他不关心自己的企业。在一个炎热的夏日，除了常用的办公用品外，S 还向 V 订购了一台小风扇。当 V 有限责任公司主张风扇的价款时，U 指出，S 没有订购的代理权。V 有限责任公司可以要求 U 支付该风扇的价款吗？

由于 S 没有代理权，这个案子似乎很清楚：U 不需要支付风扇的价款。类推适用一个特定的规范是不可能的。但是从《德国民法典》第 170 条及以下几条可以推出这种一般性的法思想，即造成了一项代理权权利外观之人，必须让"代理人"的法律行为对自己产生效力。此时，关键在于意思表示受领人（Erklärungsempfänger）对代理权存在合理信赖。一项表见代理权的成立必须满足下列前提：

- 从一个外部的事件必须可以推断出有授权。
- 被代理人必须有机会认识并阻止代理人的行为。
- 意思表示受领人必须事实上信赖代理权的存在。

这些前提在我们的例案中都得到满足。因此，U 有义务支付风扇的价款。

四、刑法中的特殊之处

虽然类推在民法中是合法的，但在刑法中，只有有利于行为人的类推是合法的，而不利于行为人的类推是不被允许的（类推禁止）。换言之，当您确认尽管存在一个法律漏洞，但是这个法律漏洞只能通过法律续造加以填补时，您的解释工作便结束了（但应予指出的是，刑事法庭却违背了这个准则，在对"构成要件要素"进行"解释"时走得非常远;比较前文第五章第一点第 1 小点,原书第 45 页)。

五、第十一章小结

若是不能通过解释来获得适当的结果,那么必须检查,是否应当考虑法律续造。法律续造的主要情形是类推。但在刑法中不利于行为人的类推是不被准许的。法律续造的首要前提是存在一个法律漏洞,即立法者有意识或者无意识地留下了这个问题。此外,法律续造必须遵守特别是从分权原则中得出的宪法上的界限。

法律续造是法庭的一项任务。在笔试中,人们通常可以诉诸已知且公认的法律续造。只有在极为罕见情况下才会要求答题者自己通过法律续造的方式来发展出一个法条。

第十二章

一个类推的实例（《德国民法典》第442条第1款第2句）

案情：出卖人 Vetter（V）用雄辩的文辞向准买家 Kramer（K）描述道，他的二手汽车配备了催化净化器。然后 K 以 V 所要求的价格购买了这辆汽车。尽管 V 已经在多处因其他的不实描述令人起疑，但 K 并没有在汽车的相关资料中确认关于催化净化器的信息。在 K 之后想要将车转手给 D 的时候，才发现这辆车没有催化净化器。D 因此支付给 K 的价款比当初约定的少给了 100 欧元。在要求 V 安装一个催化净化器且届至截止日期无果之后，K 向 V 主张 100 欧元的赔偿。

一、解释

1. 解释的目标

首先必须澄清，人们借助解释所追求的是何种目标。按照主观理论，是为了查明立法者的意志。与之相反，客观理论的支持者则想独立于立法者的观念来探究法律的意志。依照迹象理论，重要的尽管是立法者的意志，但却以该项意志在法律中表达出来的为限。本书以适用时的主观理论为基础。

2. 解释的准据

对于解释，应当援引条款的语义、体系、产生历史以及意旨与目的。

（a）语义

依据《德国民法典》第 437 条第 3 项、第 440 条、第 280 条、第 281 条的规定，K 或许对 V 享有一项损害赔偿请求权，但该车必须出现一项瑕疵。在本案中，所约定的是买卖一辆带有催化净化器的汽车，该车不具备约定之品质（《德国民法典》第 434 条第 1 款第 1 句）。K 给 V 设定了一个（合适的）期限来排除瑕疵但却没有效果（《德国民法典》第 281 条第 2 款第 1 句）。V 故意违反了合同义务（《德国民法典》第 280 条第 1 款第 2 句结合《德国民法典》第 276 条第 1 款第 1 句）。

然而 K 的损害赔偿请求权可能由于《德国民法典》第 442 条第 1 款第 2 句而被排除。由于 V 已经因为一系列的陈述使人对其产生怀疑，所以 K 原本便应该对 V 有所怀疑。K 没有检查涉及催化净化器的陈述，他在行为上有重大过失。

但是，若 V 恶意隐瞒了该瑕疵或对于该汽车的品质承担了保证，那么 K 尽管有此重大过失，他仍然可以依据《德国民法典》第 442 条第 1 款第 2 句主张该瑕疵。然而实际情况并非如此，而是 V 违背事实地主张这辆汽车有催化净化器，即他欺骗了 K。

(b) 体系

《德国民法典》第 442 条遵循规则（保证）、例外（因重大过失而不知道）、例外的例外（恶意不告知或承担保证）这种模式。因为这些例外情况被进行了精确的描述，所以在"欺骗"的意义上扩张地解释"不告知"这个要素遭到排除。

(c) 产生历史

《德国民法典》第 442 条已经通过债法现代化法得到了修订。不过，立法机关基本上只是用"保证"（Zusicherung）一词取代了"承担保证"（Garantieübernahme）。立法程序中没有对欺骗这种变体加以讨论。

(d) 意旨与目的

对两种被严格界定的例外情形，由于《德国民法典》第 442 条规定了卖方需要对行事具有重大过失的买方承担责任，所以这种限定必须继续限于这两种情况。

(e) 总结论

将《德国民法典》第 442 条解释成涵盖了恶意的欺骗是不可能的。因此保证责任被排除，K 对 V 没有请求权。

二、类推形式的法律续造

1. 漏洞

类推的首要前提是存在一个法律漏洞。然而，在本案中，相较于债法改革之前版本的《德国民法典》第460条，现行《德国民法典》第442条在法事实和法确信（Rechtsüberzeugung）方面都没有改变。

但是，一项法律漏洞也可能以这种方式存在，即旧的版本已经不完备，而立法者在债法改革中又将同样的错误纳入新法之中。无论如何，我们也不能认为债法改革的立法者作出了反对进行类推的决定，所以尽管法律有所修订，仍然可能存在一个"违反计划"的漏洞。

当未受调整的案件与已做调整的案件情况类似，因此两个案件的利益状况相同时，情况尤为如此。虚构所卖之物具有正面品质的卖方行为与恶意隐瞒物品的负面品质的卖方行为是如此的相似，以至于买方的利益状况是一样的。

2. 宪法上的界限

该项类推不能违反任何宪法上的限制。

如果法院不能做出有意义的规整，那么分权原则反对进行法律续造。但是，本案仅仅涉及担保法中很小的片段，法院可以很容易对此作出决定。

如果未被调整的案件与已做调整的案件的界分太过不确定，基于法治国原则就会得出对类推的疑虑。但是"虚构"是一个和"隐瞒"同样确定的概念。另外，这个结论也得到当然推论（erst-recht-Schluss）的支持。

3. 总结论

《德国民法典》第 442 条第 1 款第 2 句应类推适用于卖方恶意虚构销售物品品质的情形。本案正是此种情形。因此，K 可以一如其担保权未依据《德国民法典》第 442 条被排除一样对其加以援引。

第十三章

竞 合

参考文献：*Bydlinski* Methodenlehre 572ff.；*Engisch* Einführung 213ff.；*Larenz/Canaris Methodenlehre* Kap. 2, 4, S. 87ff.；*Rüthers/Fischer/Birk* Rechtstheorie Rn. 770ff.；*Zippelius* Methodenlehre, § 7, S. 30ff.

在前面的阐述中，涉及的始终仅仅是单个规范的解释。然而，同一个事实通常与几个规范有关。那么就要弄清楚它们是相互排除还是可以并行适用。即便在民法内部，根据作者的不同，描述具体竞合情形的术语也不尽相同。此外，在具体的法律领域，也存在着部分不同的术语和法学建构。独立于这些差异，竞合的情形可以分为两大类，亦即：

- 排他性竞合（一个规范排斥另一个规范的适用）；
- 累积性竞合（两个规范可以并行适用于同一事实）。

另外，刑法中还存在着实质竞合（Realkonkurrenz）。但是，这并非涉及和同一事实相关的几个规范之间的关系，而是涉及在必须同时评判几个事实的情况中形成一个总的刑罚

(《德国刑法典》第53条）。[1]

一个重要的争议问题是，应当在考察具体规范之前还是之后讨论竞合。但是，如果几个条文无论如何都将并行适用于同一案件，则这个问题将不会产生影响。

实例：A在B的咖啡中加入了毒药。经过医生的治疗，B可以获救。

B对A的损害赔偿请求权基于：

- 《德国民法典》第823条第1款；
- 《德国民法典》第823条第2款结合《德国刑法典》第212条、第22条、第23条第1款、第223条、第224条第1款第1项和第5项；
- 《德国民法典》第826条。

这三个条款都需要全面考察，三个条款都可适用于本案，因为三个请求权基础中任何一个都不排斥另一个。

在下面的例子中情况则有所不同。

实例：M从V那里租来一辆自行车。该车自始就有瑕疵，而V与M对此都不知情。M因为这个瑕疵在骑车时摔倒受伤，他向V主张数额为250欧元的治疗费用的赔偿。

关于该案，如果您从《德国民法典》第280条第1款开始，这就错了。对由于租赁物的瑕疵所引起的损害赔偿，作

---

[1] 这里的实质竞合即是数罪并罚。

为特别条款的《德国民法典》第536a条第1款将介入。依据该款规定，出租人不论是否有过错都要对自始瑕疵承担责任，所以 M 可以向 V 要求赔偿损害。因此，《德国民法典》第280条就被《德国民法典》第536a条第1款这一更为特别的条款所排除。在解决这个案件时，您若作如下处理：

（1）《德国民法典》第280条第1款；

（2）《德国民法典》第536a条第1款；

（3）《德国民法典》第280条与第536a条之间的竞合关系。结论：《德国民法典》第536a条相对于《德国民法典》第280条是特别条款，那么，您将会在第（1）种情形中做多余的检查。相反，应适用如下的规则：首先应当检查一个规范的可适用性。当一个特别条款介入时，该规范便不能适用（在前面提到的实例中这意味着：您将从《德国民法典》第536a条开始；对于《德国民法典》第280条，您只需简短地确定，该规范是被排除的）。

因此依照物本逻辑（sachlogisch）[1]，在考察一个条款的具体要素之前，我们必须首先检查可适用性和竞合问题。然而，也存在一些不同的观点，认为应该首先对每个规范加以全面检查，此后才能讨论竞合问题。这种观点主要出现在刑法文献中。这可能会有一些练习的效果，但会导致作者和

---

[1] Sachlogik 在德国刑法哲学上是一个很重要的术语，最先由台湾地区学者翻译为物本逻辑，后来大陆学者从之。此处物本逻辑也即事物本身逻辑，也可解读为客观逻辑。文中 sachlogisch 为形容词，相应地译为"依照物本逻辑"。

阅读者考察许多在结论上是冗余的规定。

所以如果在本书中,在阐述解释之后才概括性地处理竞合问题,那么并不因此就说,您在案例解答时也应该这样做。

一、排他性竞合

1. 一项上位规范的具体化

一般来说,竞合只能用于同一位阶的法条(Rechtssatz)。在两项位阶不同的规范(如基本法与普通法律)之间的关系中,一方面上位规范具有优先性,另一方面适用对下位规范进行合位阶性解释的原则。

如果一个上位规范和一个下位规范都适用于同一案件事实,则仅仅应当以下位规范为准〔见前文第六章第三点第1小点之c(bb)〕。

实例: V与K订立了一个买卖合同。《德国民法典》第433条以下诸条和《德国基本法》第2条第1款(私人自治)都与此相关。由于《德国基本法》第2条第1款为《德国民法典》第433条以下诸条所具体化,所以《德国基本法》第2条第1款在解释法律时将不予考虑。

上位规范仅仅在合位阶性解释的框架内(见前文第六章

第三点第 1 小点）发挥作用。因此，如果检查得出下位法建立在一个授权基础之上，并且其在内容上完全符合上位法，则上位法在后续的判断中应当被排除。只有当上述条件之一不存在，或者几种解释可能性中的一种更符合上位法时，上位法才会在下位法规范的适用和解释中发挥作用。

2. 位阶相同的规范

对于同一位阶的规范，一个规范可能排除了另一个规范，所以两个相关的规范在结论上只有一个可以继续适用。

（a）时间上的优位

参考文献：*Bydlinski* Methodenlehre 572ff.

假设立法者在 10 年前就已经针对一个特定问题颁布了一部法律。现在有一部新的法律，它在结束性条款中规定，哪些迄今为止存在的法律应当被废除并由新的法律所取代。您现在碰到一个没有出现在（废除）列表中的规范，但它却规整了相同的事实。

有可能是您错了，规范实际上并不涉及同一情形。但也有可能是立法者忽略了旧的规范，或者虽然看到了旧的规范，但却因为认为这种情形是清楚的而没有对其加以规整。那么此时便应当适用这个法律格言："lex posterior derogat legi priori"，即新法废止旧法。换言之，即使没有规范明确规定旧的法律不再适用，您也有权根据新的法律不再适用旧的法律。

(b) 内容上的优位

一个规范优先于另一个规范也可能来自其内容。当一个规范包含一项对案件情形更为特别的规定而不是一个一般性的规定时,情况尤其如此(特别关系,特别法优于一般法)。

实例:V 以 500 欧元的价格向认为他是所有权人的 K 出售了一台电视机,并且立即将该电视机移交给 K。实际上,这台电视机是 V 从 E 那里借来的。当 E 听说了这件事之后,他向 V 主张 500 欧元。

根据《德国民法典》第 812 条第 1 款第 1 句第二种情形,E 或许对 V 享有一项请求权。V 已经取得了利益,即对 500 欧元的所有权。这种得利在与 E 的关系中没有法律上的根据。得利的基础也是一项侵害,因为通过这项转让,V 侵犯了所有权人 E 的财产处分权。但对于有偿处分标的物 (Gegenstand) 形式的特别侵害,《德国民法典》第 816 条第 1 款第 1 句包含了一项特殊规定,该规范处理的是同一个问题,特别涉及一种特定的侵害形式。因此,《德国民法典》第 816 条第 1 款第 1 句优先于《德国民法典》第 812 条第 1 款第二种情形的一般规定。因此,在案例解答时,自始就应当仅仅适用《德国民法典》第 816 条第 1 款第 1 句。对于《德国民法典》第 812 条则根本不应首先加以检查。

此外,《德国民法典》第 823 条第 1 款、《德国民法典》第 823 条第 2 款结合《德国刑法典》第 246 条与《德国民法典》第826条都可以适用。这是由于这些条款具有不同的调整内容，即一方面是得利的返还，另一方面是损害的赔偿。尽管在例案中，依据所有的条款应予支付的金额都是相同的。但是，在这种请求权竞合中，情况并非必然如此。例如，如果E与有过失，那么根据《德国民法典》第254条的规定，可以减少损害赔偿的赔偿数额。

实例：在提包案中，当我们将该案涵摄于法律之下时，T不但违反了《德国刑法典》第242条的规定，也违反了《德国刑法典》第249条的规定。此时应该适用哪个规范呢？

由于《德国刑法典》第249条包含了《德国刑法典》第242条的所有要素，另外还附加地包含"通过暴力"这一要素，所以回溯到《德国刑法典》第242条是没有意义的。在此应当仅仅适用《德国刑法典》第249条。

实例：在雪糕出售案中，雪糕的出售者E发现，该禁止性法律不仅违反了《德国基本法》第12条的规定，也违反了《德国基本法》第2条第1款的规定。E可以援引哪个规范呢？

《德国基本法》第2条第1款涉及一般行为自由，第12条是行为自由的一个特例，即职业自由。在此应当仅仅适用更为特别的规范，也就是说只适用《德国基本法》第12条。

特别关系存在两个方面，我们可以将其称为"形式上的特别关系"和"内容上的特别关系"。

(aa) 形式上的特别关系很容易辨别:特别性法规包含了一般性法规的所有要素,并且还附加地包含了至少一项其他的要素;比较《德国刑法典》第 242 条和第 249 条:

第 242 条——以占用意图取走他人的动产;

第 249 条——以占用意图通过暴力取走他人的动产。

为了更好地理解,我们可以使用两个圆的图像加以演示,其中一个圆完全处于另一个圆之内,从而由此获得关于两个"集合"的陈述,即关于适用情形之数量的陈述。

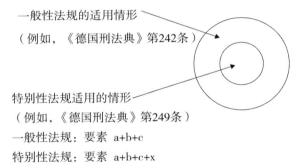

形式上的特别关系

一般性法规的适用情形
(例如,《德国刑法典》第242条)

特别性法规适用的情形
(例如,《德国刑法典》第249条)

一般性法规:要素 a+b+c

特别性法规:要素 a+b+c+x

(bb)"内容上的特别关系"或"补充关系":尽管诸构成要件连接了不同的要素,但是从规则的目的来看,一个规则排除了另一个规则。

实例:K 在拜访邻居 V 时看到一张地毯。V 和 K 都认为这是一张真正手工制作的东方地毯。事实上,这是机器制作的地毯。K 以 2 500 欧元向 V 购买了这张地毯。两年半以后,K 确定这张地毯不是真的,立即要求在返还地毯的同时由 V 返还地毯的买价。

一方面,本案中的 K 或许有权撤销买卖合同,因为他对《德国民法典》第 119 条第 2 款意义上的在交易上认为重要的地毯的性质(真实性)产生了错误。另一方面,存在一个不可消除的物的重大瑕疵,依据《德国民法典》第 437 条第 2 项、第 323 条、第 326 条第 5 款的规定,买受人有权解除合同。然而,依据《德国民法典》第 218 条、第 438 条第 4 款的规定,解除权在买卖合同履行完两年半后便不能行使;而依据《德国民法典》第 121 条的规定仍然可撤销。然而,如果错误法赋予了 K 一项权利,而在这一点上更为特别的买卖法否认了此项权利,则这将是一项评价矛盾(Wertungswiderspruch)。因此,根据这些规定之目的,《德国民法典》第 119 条第 2 款在这些情况下被排除适用。

(cc) 在刑法中,还有其他在效果上与特别规范类似的法学建构,亦即:
- 吸收关系;
- 与罚前行为;
- 与罚后行为。

在所有这些情形中,尽管满足了两项(或更多的)犯罪构成要件,但在起诉和处罚时却不考虑被排除适用的规范。

(1) 吸收关系

参考文献：*Baumann/Weber/Mitsch*, Strafrecht AT, 11. Aufl. 2003, §36 Rn. 12f.; krit. Schönke/Schröder/*Stree/Sternberg-Lieben/Bosch*, StGB, 29. Aufl. 2014, StGB Vorbem. vor §§52ff. Rn. 124ff.

实例：当房屋所有权人 B 不在家时，E[1]（D）打破窗玻璃，侵入 B 的房屋并偷走了 B 的首饰。

D 的行为既实现了《德国刑法典》第 244 条第 1 款第 3 项规定的要件，也实现了《德国刑法典》第 123 条和第 303 条规定的要件。由于特别形态优先于一般形态，《德国刑法典》第 242 条自始即被排除。尽管《德国刑法典》[2] 第 123 条并非必然与《德国刑法典》第 244 条第 1 款第 3 项同时实现，但典型的情形是与《德国刑法典》第 244 条第 1 款第 3 项同时实现。因此，《德国刑法典》第 123 条因竞合而被排除。对于《德国刑法典》第 303 条，联邦最高法院却持不同看法。侵入住宅往往并不发生财产损害。此外，财产的损害也可能如此严重，以致不能再称其为"典型的伴随行为"。因此，除了《德国刑法典》第 244 条第 1 款第 3 项外，《德国刑法典》第 303 条也仍然适用。

---

[1] 结合下文此处的 E 应为德语小偷 Dieb 一词的首字母 D，疑为作者笔误。

[2] 原文为《德国民法典》，疑为作者笔误。

(2) 与罚前行为

参考文献：Schönke/Schröder/*Stree/Sternberg-Lieben/Bosch*, StGB, 29. Aufl. 2014, StGB Vorbem. vor §§ 52ff. Rn. 127ff.；*Wessels/Beulke/Satzger*, Strafrecht AT, 44. Aufl. 2014, Rn. 794.

实例：Max 和 Moritz 约定，在面包师 Brezel 的销售之旅中将其击倒，并偷走这辆带有烘焙食品的汽车。

如果 Max 和 Moritz 实现了他们的计划，那这个作为与罚前行为的重罪约定（《德国刑法典》第 249 条第 1 款、第 30 条第 2 款）将退居抢劫罪之后。

(3) 与罚后行为

参考文献：*Baumann/Weber/Mitsch*, Strafrecht AT, 11. Aufl. 2003, § 36 Rn. 12；Schönke/Schröder/*Stree/Sternberg-Lieben/Bosch*, StGB, 29. Aufl. 2014, StGB Vorbem. vor §§ 52ff. Rn. 129ff.；*Wessels/Beulke/Satzger*, Strafrecht AT, 44. Aufl. 2014, Rn. 795.

实例：D 偷走了 E 的摩托车（《德国刑法典》第 242 条），他开着车四处逛了几天后就把车抛下了悬崖，因为他怀疑警方正在寻找这辆摩托车。

由此，D 的行为实现了《德国刑法典》第 303 条规定的要件，但是这只是为了阻止其盗窃被发现。该行为并未侵害新的法益，其不法内涵已经被《德国刑法典》第 242 条全面涵盖。因此，在处罚时不需要考虑《德国刑法典》第 303 条。

二、累积性竞合

在很多情况下，多个规范可以并行适用于同一个事实。

1. 民法

在民法上，人们称之为请求权竞合。

实例：租期已过了。承租人 M 必须将租赁物交还出租人 V。这是从《德国民法典》第 546 条以及《德国民法典》第 985 条、第 986 条所得出的结果。对于两者 V 都可以援引（对于您解答案例而言，这意味着：您必须同时检查这两个请求权基础）。

实例：粉刷工人 A 将其仍不可靠并需要监督的徒弟（学徒）L 一个人派到了顾客 K 那里。由于 L 不恰当地架设了脚手架而损坏了 K 的吊灯（损害为 200 欧元）。

K 对 A 的损害赔偿请求权，一方面是基于《德国民法典》第 631 条、第 280 条第 1 款、第 241 条第 2 款，另一方面是基于《德国民法典》第 831 条。K 只可能获得一次额度为 200 欧元的损害赔偿，但他可以将请求权建立在两个请求权基础之上。

2. 刑法

参考文献：*Baumann/Weber/Mitsch*, Strafrecht AT, 11. Aufl.

2003, §36 Rn. 36ff.; *Wessels/Beulke/Satzger*, Strafrecht AT, 44. Aufl. 2014, Rn. 751ff.

在刑法中，也存在一个行为实现了两个（或者更多的）刑罚法规的情形。其解决的办法为，一方面，两项刑罚法规是可以并行适用的（在这一点上是累积性竞合而非排他性竞合）；另一方面，行为人将只受到一次处罚。对于这一点，人们称之为犯罪单数（Tateinheit）或者想象竞合（Idealkonkurrenz）（《德国刑法典》第52条）。

实例：当A看到惹他生气很久的B时，他疯狂地殴打B并撕坏了B的外套。

A的行为同时实现了《德国刑法典》第223条和第303条规定的要件，这是通过殴打B这"同一个行为"实现的。在这种情况下（"犯罪单数"），A将只受到一次处罚，更确切地说是依据处刑最重的法规受到处罚。

《德国刑法典》第303条——2年以下的自由刑；

《德国刑法典》第223条——5年以下的自由刑。

A将只受到一次处罚，更确切地说是依据《德国刑法典》第223条、第303条、第52条的规定，最高刑期为5年的自由刑。

3. 宪法

在宪法中也可能出现几个规范同时独立适用于一个事实

的情形。

实例：雪糕售卖案中的雪糕售卖人声称，还有其他的立法选择，并且与有固定摊位的雪糕售卖人相比，他被恣意地置于了更为不利的位置。

雪糕售卖人主张，该项法律不仅违反了《德国基本法》第12条，还违反了《德国基本法》第3条第1款。《德国基本法》第12条的（职业）自由权利相对于第3条第1款的平等权并不是特别的权利，而是不同的基本权。因此，联邦宪法法院将针对这两项基本权来审查这项法律。审查的结果可能是，这项法律违反了这两项基本权。

三、刑法中的特殊之处

参考文献：*Baumann/Weber/Mitsch*, Strafrecht AT, 11. Aufl. 2003, §36 Rn. 36ff.；*Wessels/Beulke/Satzger*, Strafrecht AT, 44. Aufl. 2014, Rn. 784ff.

除了想象竞合之外，刑法还关注通过几个行为（而非一个行为）使得两个（或多个）刑罚条款得到实现的案件。在此，人们称之为实质竞合（Realkonkurrenz）或犯罪复数（Tatmehrheit）。在这类情形中，尽管存在多个不一样的事实，但并不是每个行为都将单独受到处罚，而是形成了一个总的刑罚。

实例：A 星期一殴打了 B，星期二砸碎了 B 的眼镜。

同样，A 的行为不仅实现了《德国刑法典》第 223 条规定的要件，也实现了《德国刑法典》第 303 条规定的要件。但是这不是通过"同一个行为"实现的。不过，检察官将同时起诉这两项行为；法院将同时对这两项行为作出判决。A 将依据《德国刑法典》第 53 条的规定获得一项总的刑罚（Gesamt-strafe）；即一个由身体伤害部分和财产损失部分构成的刑罚（《德国刑法典》第 54 条第 1 款第 2 句、第 3 条第 2 款）。

四、第十三章小结

如果乍看之下几个条款与一个案件有关，就会出现竞合问题。不管术语上的区别如何，在所有法律领域都存在两种基本情形：

（本书所谓的）排他性竞合：看起来相关规范中的一个为另一个所排斥。如果其中一个规范比另一个规范更为特别，情况尤为如此。

（本书所谓的）累积性竞合：看起来相关规范中的任何一个规范都不排斥另外一个规范，两者都可适用于同一个案件。——然后就需要附加的规则来说明这种并存将产生什么样的影响（比如民法上的请求权竞合：多项请求权基础，但是只有一个请求权；刑法上的想象竞合：多项犯罪构成要件，但是只有一项刑罚）。

第十四章

结 论

在处理一个法律案件时,我们经常会遇到必须首先澄清法律中某个特定用语之含义的问题。此时,我们必须首先尝试着确定,对此是否已经存在相关的司法裁判和文献。如果是这样并且该用语据此具有一项被普遍接受的明确含义,那么就应当以这种含义为基准。

如果对于某个表达尚无解释或尽管存在一些解释,但是各有不同的结果,那么解释者必须自己进行解释或者在现存的诸种解释中作出选择。

如果解释者只想知道自己能否在法庭上获得成功,则他将合乎目的地将判例作为解释的基准。

如果涉及的是法律教学案例,则解释者可以在几个可接受的意见之间作出选择。这些意见本身经常参照四种标准的解释准据。

对于现有意见进行自己的表态,或者在法律尚不存在解释意见的情形中,解释者必须以四种解释准据,即语义、体系、产生历史、意旨与目的作为基础。首先,解释者必须决定是采用主观的解释方法还是客观的解释方法,并在四种解释准据中始终以这一立场作为基础。

但是，在排他性竞合情形下，详细考察一个与案件相关的规范是不必要的。否则，四种解释准据都应依次讨论。如果四种解释准据的结论都一致，那么可以确定某一表达的意思是什么。若四种解释准据得出了不同的结论，那么解释者必须权衡。如果存在疑问，则以基于意旨与目的的论据为优先。

如果通过解释所得出的结论不令人满意，则应当检查（例如以类推方式的）法律续造的前提条件。为此必须存在一个漏洞，而且必须满足法官进行法律续造的宪法性（特别是依据分权原则的）前提。

如果以这种方式明确了法律中用语具有何种含义或者哪一项经由法律续造获得的法条将介入，那么就应当考察是否还有其他规范适用于同一事实（累积性竞合）。然后，可以将案件事实涵摄到如此发现的规范（或如此发现的数项规范）之下。

第十五章

附录：意思表示的解释

参考文献：*Medicus*, Allgemeiner Teil des BGB, 10. Aufl. 2010, Rn. 307；*Olzen/Wank*, Zivilrechtliche Klausurenlehre mit Fallrepetitorium, 7. Aufl. 2012, Rn. 118ff.

关于意思表示的解释，为数不多的法律规定（《德国民法典》第133条、第175条、第242条）帮助不大。最好以同样适用于法律解释的解释准则为准。

但是，具体而言，应当区分几种案例情形。

（a）对于无需受领的意思表示，应当以表示者的意思和理解为准。很明显，主要的适用情形就是遗嘱。

（b）对于需受领的意思表示，应当以受领人的视角为准。由于表示是向第三人发出的，所以应当以第三人的理解为准。

（c）与法律解释真正相似的是对合同的解释。在此，您可以而且必须以语义、体系和产生历史进行论证。对于意旨与目的这个要素，应当考虑到，不同于立法者具有一个意志，合同双方当事人追求的是不同的目的。在这里，目的是指合同的成立和执行这个共同目的。

对制定法的法律续造和所谓的补充性的合同解释类似。不管可查明的当事人的具体意思如何，都应当以诚实的当事人在存在合同漏洞时依据《德国民法典》第 242 条本来会约定的内容为准（就此参见 *Wiedemann*, FS Canaris, 2007, S. 1281）。

实例（根据 BGHZ 16, 71 = NJW 1955, 337）：在慕尼黑执业的医生 A 与在纽伦堡执业的医生 B 相约交换诊所。如果 A 在短时间之后发现他更喜欢慕尼黑，并且希望在他执业的旧诊所附近开一家新诊所，那么即使在交换合同中没有达成相应的协议，A 也得放弃这么做。虽然双方都没有考虑到相应的规定，但是客观来看，如果原来的"老大"[1]有可能再次加入竞争的话，双方都不会参与交换。为了禁止于合理的期间内在旧诊所附近开展业务竞争，必须对合同进行补充解释。

---

[1] 原文为 Platzhirsch，直译为"种鹿场或发情地最强大的雄鹿"，引申意为"地盘的老大"，一山不容二虎。

第十六章

概览：方法论在案例解答中的位置

为了再一次向您清楚地展示，为了解答案件，您在何种情况下必须考虑本书对法律解释所作之说明，这里将阐述解决一个具体法律问题（案例问题）的考虑过程。

案例问题→搜寻相关的法律规范（法律后果部分）→在几个可考虑的法律规范之间，排除被排斥的法律规范（排他性竞合，参见上文第十三章第一点）→在剩余的法律规范中，对某一个法律规范进行全面考察→审查规范的有效性（在本书中只作了简要的介绍，因为这是更高年级课程的主题）→对法条（在构成要件部分和法律后果部分，见第一章第二点、第二章）中包含的要素加以结构化→对与本案相关的可疑要素进行解释，更确切地说：

① 先确定一个解释目标（主观的或客观的或折中的理论，见第三章），考虑运用所有的解释准据得出的结论（见下面的②）。

② 按照解释准据检查有疑问的要素（见第五至第九章），此时应当顾及司法判例和文献（第四章）。

（a）语义（见第五章）：

（aa）专业语言上的语义；

（bb）日常语言中的语义具有辅助性；

（cc）在每一个案件中：目的解释。

（b）体系（见第六章）：

（aa）外在体系；

（bb）内在体系。

特殊问题：合位阶性解释。

（c）产生历史（见第七章）：

（aa）前史；

（bb）狭义上的产生历史；

（cc）发展史；

（d）意旨与目的（见第八章）：

（aa）具体的规范目的；

（bb）抽象的规范目的；

（cc）在不同的规范目的之间进行权衡。

（e）针对（a）至（d）得出的总结论（见第九章）：

将法律适用于案件（涵摄，见第一章第四点）。

③ 检查其他相关规范（过程同②）

将该规范也适用于本案。

④ 检查累积性竞合（第十三章第二点）

总结论→回答案例问题。

112 ⑤ 如果解释的结论不令人满意,检查法律续造,比如类推(见第十一章)。

(a) 宪法上的前提:
——分权原则;
——法治国原则;
——民主原则。

(b) 方法论上的前提:
——漏洞的确认;
——漏洞的填补。

将类推适用的规范适用于本案→总结论→回答案例问题。

缩略语表

Abs.	款
aE	最后
AEUV	《欧盟运行条约》
aF	旧版
AGG	《一般平等对待法》
Anm.	评释
AP	《劳动法实践》，联邦劳动法院的参考书
AT	总则
Aufl.	版次
BGB	《德国民法典》
BGH	联邦最高法院
BGHSt	《联邦最高法院刑事判决集》
BGHZ	《联邦最高法院民事判决集》
BT-Drs.	《联邦议会印刷品》
BVerfG	联邦宪法法院
BVerfGE	《联邦宪法法院判决集》
BVerfGG	《联邦宪法法院法》

BVerwg	《联邦行政法院法》
dh	这意味着
EGV	《欧洲共同体条约》
EuGH	欧洲法院
EUR	欧元
f.	以下一页（条）
ff.	以下数页（条）
FS	贺寿文集
gem.	依据
GG	《德国基本法》
GmbH	有限责任公司
GS	大审判庭
hM	通说
hL	学界通说
HwO	《德国手工业条例》
iSd	在……意义上
iVm	结合
Kap.	章
Krit.	批判性的
KSchG	《解雇保护法》
LG	州法院
MüKo	慕尼黑评注
mwN	其他的证明

NJW	新法学周刊
NJW-RR	新法学周刊判决报道 民法
Pkw	汽车
RdA	《劳动法》
Rd.	编码
S.	句/页/参见
Slg.	判决汇编
StGB	《德国刑法典》
str.	有争议的
StVG	《道路交通法》
StVO	《道路交通条例》
usw.	等等
v.	的
vgl.	比较
Vorbem.	前言
WRV	《魏玛宪法》
zB	例如
ZfA	《劳动法杂志》
ZGR	《企业法与公司法杂志》
ZBP	《法律政策杂志》

文献目录

为更深入地学习，请参考以下著作。本书在引用时进行了缩略。

Bydlinski, F., Juristische Methodenlehre und Rechtsbegriff, 2. Aufl. 1991（zit.：*Bydlinski* Methodenlehre）。

Engisch, K., Einführung in das juristische Denken, 11. Aufl. 2010（zit.：*Engisch* Einführung）。

Larenz, K./Canaris, C.-W., Methodenlehre der Rechtswissenschaft – Studienausgabe, 3. Aufl. 1995（zit.：*Larenz/Canaris* Methodenlehre）。

Rüthers, B./Fischer, C./Birk, A., Rechtstheorie mit juristischer Methodenlehre, 8. Aufl. 2015（zit.：*Rüthers/Fischer/Birk* Rechtstheorie）。

Vogel, J., Juristische Methodik, 1998（zit.：*Vogel* Methodik）。

Zippelius, R., Juristische Methodenlehre, 11. Aufl. 2012（zit.：*Zippelius* Methodenlehre）。

笔者尤其在以下作品中讨论了方法问题：

——Grenzen richterlicher Rechtsfortbildung, 1978（zit.：*Wank* Grenzen）。

——Die juristische Begriffsbildung, 1985（zit.：*Wank* Begriffsbildung）。

——Auslegung und Rechtsfortbildung im Arbeitsrecht, 2013（zit.：*Wank* Rechtsfortbildung）。

关键词索引[1]

Altern von Gesetzen　法律的老化　31ff.

amtliche Begründung　官方的说理　69

Analogie　类推　83 ff., 87ff.

　– Beispiel für Analogie　类推的实例　95 ff.

　– Gesetzesanalogie　法律的类推　88 ff.

　– Rechtsanalogie　法的类推　90

Analogieverbot　禁止类推　45，84，93

Andeutungstheorie　迹象理论　33

Anspruchsgrundlage　请求权基础　7ff.

Anspmchskonkurrenz　请求权竞合　104

argumentum a maiore ad minus　举重以明轻　91

argumentum a minore ad maius　举轻以明重　90f.

Auslegung　解释　14ff.

　– Abgrenzung zur Rechtsfortbildung　与法律续造的界分　43ff.

　– Beispiel für Auslegung　解释的实例　77ff.

---

[1] 本索引所列页码为原书页码，即本书中的边码。"f."表示"及下一条（段）"，"ff."表示"及以下数条（段）"。

- enge und weite 狭义的和广义的 46
- Ergebnis 结论 75
- Ziel 目标 29ff.

Auslegungskriterien 解释的标准/准据 41ff.

Auslegungsprobleme 解释的问题 3ff.

Begriffe 概念
- deskriptive und normative 描述性与规范性 45

Beurteilungsspielraum 判断空间 53

Drittwirkung der Grundrechte 基本权的第三人效力 62ff.
- horizontale Drittwirkung 水平第三人效力 64

Effektivität 效率 72

Einheit der Rechtsordnung 法秩序的统一 57
- Entstehungsgeschichte 产生历史 67ff.

Entstehungsgeschichte im engeren Sinn 狭义的产生历史 68f.

Entstehungszeit/Geltungszeit 产生时/适用时 4，9

Entwicklungsgeschichte 发展史 69f.

Ergänzungsnorm 补充规范 19ff.，23ff.

Ergebnis der Auslegung 解释的结论 75

Ermächtigungsgrundlage 授权基础 59

Ermessen 裁量 52

erst-recht-Schluss 当然推论 90f.

EU-Recht und nationales Recht 欧盟法与国内法 62 ff.

Fallfrage 案件问题 3ff.，16

Falllösung 案例解答 3f.，16，105

Fallvergleichung 案件比较 50f.

Fiktion 拟制 22f.

Folgenkontrolle 后果审查 72

Generalklauseln 一般条款 9ff., 51f.

Gerechtigkeit des Ergebnisses 结论的公正性 71

Gesetz, altes oder junges 法律，老的或新的 31ff., 34f.

Gesetzesanalogie 法律类推 88ff.

Gesetzeslücke 法律漏洞 84ff., 87ff.

Gesetzessinntheorie 法律意旨理论 44

Gesetzesumgehung 法律规避 73f.

Gesetzeszwecke 法律目的

- abstrakte 抽象的 71ff.

- konkrete 具体的 71

- Kollision von 冲突 73

Gesetzgeber 立法者 30ff.

Gewohnheitsrecht 习惯法 8

Gleichheitssatz 平等原则 73

Grundgesetz und einfaches Recht 《德国基本法》与普通法律 59ff.

Grundnorm 基本规范 19ff.

Grundsatz der Normanwendung der niedrigsten Stufe 适用最低位阶规范原则 61

Harmonisierung 协同 62

hermeneutischer Zirkel 诠释学循环 75

historische Auslegung　历史解释　67ff.

Idealkonkurrenz　想象竞合　104f.

Inhaltsbestimmung　确定内容　59

Inhaltskontrolle　内容审查　58

Kernrechtssatz　核心法条　19

Klassenbegriff　分类概念　47

Konkretisierung　具体化　51,98

Konkurrenz　竞合　99ff.

　- Idealkonkurrenz　想象竞合　104f.

　- inhaltlicher Vorrang　内容上的优先性　101ff.

　- kumulative　累积性的　104f.

　- Realkonkurrenz　实质竞合　105

　- verdrägende　排他性的　100ff.

　- zeitlicher Vorrang　时间上的优先性　101

Konsumtion　吸收　103

Legaldefinition　立法定义　19f.

lex posterior　后法　101

lex specialis　特别法　101

Lücke（Gesetzeslücke）　漏洞（法律漏洞）　84ff.,96

Lükenschließng　漏洞填补　87ff.

Materialien　立法资料　31,68

mehrdeutig　多义的　42

Meinungslager　意见阵营　70

Merkmal　要素,特征　11ff.

Nachtat, mitbestrafte 后行为，与罚的 104

niedrigste Rangstufe 最低位阶的 61

Normhypothese 规范假设 4ff.

objektive Theorie 客观理论 32ff., 39, 49, 55, 68

Praktikabilität 实用性 72

Prinzipien 原则 9, 92

rangkonforme Auslegung 合位阶性解释 59ff.

   - als Inhaltskontrolle 作为内容控制 60f.

   - als Inhaltsbestimmung 作为确定内容 61

Realkonkurrenz 实质竞合 105

Rechtsfolge 法律后果 3ff.

   - abstrakte 抽象的 3f.

   - konkrete 具体的 3ff.

Rechtsfortbildung 法律续造 43f., 83 ff.

   - Verbot der 的禁止 84

   - verfassungsrechtliche Grenzen 宪法上的界限 86f.

Rechtsprinzip 法原则 90

Rechtssatz 法条 4ff., 19ff.

Rechtstatsachen 法事实 33, 69

Rechtsverweigerungsverbot 禁止拒绝裁判 83

Rechtswissenschaft 法学 37ff.

Relativität der Begriffsbildung 概念形成的相对性 47f.

Richterrecht 法官法 8, 37ff.

Sachgerechtigkeit 适当性 71

Sachverhalt 案件事实 3ff.

Schluss vom Größeren auf das Kleinere 举重以明轻 91

Schluss vom Kleineren auf das Größere 举轻以明重 90f.

Sinn und Zweck 意旨与目的 71ff.

Sinnzusammenhang zwischen Tatbestand und Rechtsfolge 构成要件与法律后果之间的意义关联 72

Spezialität 特殊关系 101 ff.

Strafrecht 刑法 5, 10, 12, 15, 20, 21, 23, 24f., 58, 79f., 84, 103 f.

Stufenbau der Rechtsordnung 法秩序的层级构造 50

subjektive Theorie 主观理论 32ff., 39, 49, 57, 67

Subsidiarität 补充关系 102f.

Subsumtion 涵摄 16

Systematik 体系 57ff.

– äußere 外在的 57f.

– innere 内在的 58 ff.

Tatbestand 构成要件 6ff.

– Aufbereitung 加工 11ff.

Tateinheit 犯罪单数 104f.

teleologische Auslegung 目的性解释 71ff.

teleologische Extension 目的性扩张 46

teleologische Reduktion 目的性限缩 92

Typusbegriff 类型概念 47

Umgangssprache 日常语言 41ff.

Umgehung 规避 73f.

Umkehrschluss 反面推论 91

unbestimmter Rechtsbegriff 不确定的法概念 52

verfassungskonforme Auslegung 合宪性解释 59ff.

Verfassungsprinzipien 宪法原则 10,15

Verfassungsrecht 宪法 5,10,13,15f.,20,23,25,53,58,80ff.,105

Vertragsauslegung 合同解释

  – ergänzende 补充性的 109

Verweisung 准用 21f.

Vorgeschichte 前史 67f.

Vortat, mitbestrafte 前行为，与罚的 103

Wandel der Rechtstatsachen und der rechtlichen Wertungen 法事实与法律上评价的变迁 33ff.

Wechselwirkungstheorie 交互影响理论 63

Wertungen 评价 34

Wertungswiderspruch 评价矛盾 64

Wille des Gesetzes, Wille des Gesetzgebers 法律的意志、立法者的意志

  (s. subjektive und objektive Theorie) （参见主观理论与客观理论）

Willenserklärung, Auslegung 意思表示，解释 109

Wortbedeutung, anerkannte 语义，公认的 42

Wortlaut 文义 41ff.

- eindeutiger 明确的 54
- entstehungszeitlicher/geltungszeitlicher 产生时的/适用时的 49
- möglicher 可能的 44f.
- umgangssprachlicher 日常语言上的 41
- als Grenze der Auslegung 作为解释的界限 43ff.
- und andere Auslegungskriterien 和其他解释准据 54

Wortsinngrenze 语义边界 44f.

Ziel der Gesetzesauslegung 法律解释的目标 29ff.

法律人进阶译丛

⊙ 法学启蒙

《法律研习的方法：作业、考试和论文写作（第9版）》，
　　〔德〕托马斯·M. J. 默勒斯著，2019年出版
《如何高效学习法律（第8版）》，〔德〕芭芭拉·朗格著，2020年出版
《如何解答法律题：解题三段论、正确的表达和格式（第11版增补本）》，
　　〔德〕罗兰德·史梅尔著，2019年出版
《法律职业成长：训练机构、机遇与申请（第2版增补本）》，
　　〔德〕托尔斯滕·维斯拉格 等著，2021年出版
《法学之门：学会思考与说理（第4版）》，〔日〕道垣内正人著，2021年出版

⊙ 法学基础

《民法学入门：民法总则讲义·序论（第2版增订本）》，〔日〕河上正二著，
　　2019年出版
《法律解释（第6版）》，〔德〕罗尔夫·旺克著，2020年出版
《民法的基本概念（第2版）》，〔德〕汉斯·哈腾豪尔著
《民法总论》，〔意〕弗朗切斯科·桑多罗·帕萨雷里著
《物权法（第32版）》，〔德〕曼弗雷德·沃尔夫、马尼拉·威伦霍夫著
《债法各论（第12版）》，〔德〕迪尔克·罗歇尔德斯著
《刑法分则Ⅰ：针对财产的犯罪（第21版）》，〔德〕鲁道夫·伦吉尔著
《刑法分则Ⅱ：针对人身与国家的犯罪（第20版）》，
　　〔德〕鲁道夫·伦吉尔著
《基本权利（第6版）》，〔德〕福尔克尔·埃平著
《德国民法总论（第41版）》，〔德〕赫尔穆特·科勒著

⊙ 法学拓展

《奥地利民法概论：与德国法相比较》，
　　〔奥〕伽布里茲·库齐奥、海尔穆特·库齐奥著，2019年出版
《民事诉讼法（第4版）》，〔德〕彼得拉·波尔曼著
《所有权危机：数字经济时代的个人财产权保护》，
　　〔美〕亚伦·普赞诺斯基、杰森·舒尔茨著
《消费者保护法》，〔德〕克里斯蒂安·亚历山大著
《日本典型担保法》，〔日〕道垣内弘人著
《日本非典型担保法》，〔日〕道垣内弘人著

⊙ 案例研习

《德国大学刑法案例辅导（新生卷·第三版）》，〔德〕埃里克·希尔根多夫著，2019年出版
《德国大学刑法案例辅导（进阶卷·第二版）》，〔德〕埃里克·希尔根多夫著，2019年出版
《德国大学刑法案例辅导（司法考试备考卷·第二版）》
　　〔德〕埃里克·希尔根多夫著，2019年出版
《德国民法总则案例研习（第5版）》，〔德〕约尔格·弗里茨舍著
《德国法定之债案例研习（第3版）》，〔德〕约尔格·弗里茨舍著
《德国意定之债案例研习（第6版）》，〔德〕约尔格·弗里茨舍著
《德国物权法案例研习（第4版）》，〔德〕延斯·科赫、马丁·洛尼希著，2020年出版
《德国劳动法案例研习（第4版）》，〔德〕阿博·容克尔著
《德国商法案例研习（第3版）》，〔德〕托比亚斯·勒特著

⊙ 经典阅读

《法学中的体系思维和体系概念》，〔德〕卡纳里斯著
《法律漏洞的发现（第2版）》，〔德〕克劳斯-威廉·卡纳里斯著
《欧洲民法的一般原则》，〔德〕诺伯特·赖希著
《欧洲合同法（第2版）》，〔德〕海因·克茨著
《民法总论（第4版）》，〔德〕莱因哈德·博克著
《法学方法论》，〔德〕托马斯·M. J. 默勒斯著
《日本新债法总论（上下卷）》，〔日〕潮见佳男著